환자안전을 위한
의료판례 분석

06 외과

김소윤 · 이미진 · 김충배 · 지경천 · 강원경 · 이　원
정지연 · 유호종 · 이세경 · 이남주 · 이재길 · 손명세

박영사

머 리 말

'사람은 누구나 잘못 할 수 있다'. 사람은 누구나 잘못 할 수 있고, 의료인도 사람이므로 잘못 할 수 있다. 그러나 의료인의 잘못은 환자에게 위해로 발생할 수 있다.

환자안전과 관련된 사건이 발생할 때마다 사건 발생과 관련된 의료인의 잘못을 찾고 시정하는 것만으로 환자안전의 향상을 기대할 수 있을까? 2010년 빈크리스틴 투약오류로 백혈병 치료를 받던 아이가 사망한, 일명 종현이 사건이 뉴스에도 보도되고 사회적으로 큰 파장을 일으켰지만 2012년 같은 유형의 투약오류 사건이 발생하여 환자가 또 사망하였다. 이 사건뿐만 아니라 의료분쟁 사례들을 살펴보다 보면 유사한 사건들이 반복되는 것을 알 수 있다. 그렇기 때문에 환자안전의 향상을 위해서는 의료인의 잘못에 집중하는 것이 아니라 다른 차원의 접근이 필요하다.

이처럼 유사한 사건들이 재발하지 않도록 하려면 어떤 노력을 해야 할까라는 고민 속에서 '의료소송 판결문 분석을 통한 원인분석 및 재발방지 대책 제시' 연구가 2014년부터 시작되었다. 대한의사협회의 발주를 받아 의료소송 판결문의 수집 및 분석을 통해 해당 사례의 원인을 분석하고, 원인별 재발방지대책을 주체별로 제시하는 연구를 수행하였다. 당시 내과, 외과, 산부인과, 정형외과, 신경외과 의료소송 판결문을 활용하여 환자안전의 향상을 위한 연구('의료소송 판결문 분석을 통한 재발방지 대책 수립 연구')를 수행하였고, 현재는 의료행위별로 분류하여 원인분석 및 재발방지 대책 제시 연구가 진행되고 있다. 이러한 연구들은 가능한 범위 내에서 종결된 판결문을 대상으로 분석하고자 하였다. 하지만 분석대상 선정 당시 원인 분석 및 재발방지 대책 제시가 필요하다고 판단되는 사건들의 경우에는 환자안전 향상을 위한 정책 제안을 위해 소송 종결여부를 떠나 분석 대상에 포함시켜 진행하였다.

연세대학교 의료법윤리학연구원에서는 그동안 의료의 질 향상 및 환자안전을 위해 다양한 노력을 기울여왔다. 1999년 '산부인과 관련 판례 분석 연구'를 시작으로 '의료분쟁조정제도 실행방안 연구', '의료사고 피해구제 및 의료분쟁 조정 등에 관한 법률 실행방안 연구', '의료사고 예방체계 구축방안 연구' 등을 수행하였고, 이를 통

해 의료사고 및 의료소송과 관련된 문제들을 다각도로 바라보았다. 이와 같이 의료
분쟁의 해결에서 머무는 것이 아니라 이러한 사례들을 통해 의료체계의 개선이 이루
어질 수 있도록 정책적 제안에도 힘써왔다. 연구뿐만 아니라 연세대학교 대학원 및
보건대학원에서 의료소송 판례 분석과 관련된 강의들을 개설하여 교육을 통해 학생
들의 관심을 촉구하였다. 환자안전법 제정 및 환자안전 체계 구축을 위해서도 노력
하였다.

2015년 1월 환자안전법이 제정되었고 2016년 7월 29일부터 시행되고 있다. 환
자안전법에 따라 환자안전 보고학습시스템도 현재 운영되고 있지만, 의료기관 내에
서 발생한 환자안전사건을 외부에 공개하고 보고하기 어려운 사회적 분위기 등을 고
려하였을 때 의미있는 분석 및 연구가 가능하기에는 시간이 다소 걸릴 것으로 예상
된다. 이에 이미 수집되어 있는 의료분쟁 및 의료소송 자료를 활용하여 분석한 연구
들이 환자안전법과 보고학습시스템의 원활한 시행 및 환자안전 체계 구축에 도움이
될 것으로 생각된다.

이 책에서 제시된 다양한 외과 사례들을 통해 관련 분야 보건의료인 및 보건의
료계열 학생들은 의료현장에서 발생 가능한 환자안전사건들을 간접적으로 체험할 수
있고, 예방을 위해 지켜야 할 사항들을 숙지할 수 있을 것이다.

의료소송 판결문 분석 연구를 수행할 수 있도록 연구비를 지원해 준 대한의사협
회 의료정책연구소와 진료 등으로 바쁘신 와중에도 적극적으로 참여해 주신 자문위
원분들께 감사를 표한다. 또한 본 저서가 출판될 수 있도록 지원해 준 박영사에 감사
드린다.

이 책들이 우리나라 환자안전 향상에 조금이나마 기여할 수 있기를 간절히 바라
며, 제도의 개선을 통해 환자와 보건의료인 모두가 안전한 의료환경이 조성되기를 진
심으로 기원한다.

2017년 9월

저자 일동

차 례

제1장

서 론

1980년대 중반부터 본격적으로 제기되기 시작한 의료분쟁은 꾸준히 증가하고 있으며, 이로 인한 폐해는 사회적으로 중요한 문제가 되고 있다(민혜영, 1997). 의료사고의 예방을 위해서는 의료사고 및 의료분쟁 해결 기전의 변화만으로는 의미 있는 진전을 기대하기 어려우며(Institute of Medicine, 2000), 현재 우리나라 상황을 고려하였을 때 의료사고 예방대책을 수립하기 위한 노력의 일환으로 의료분쟁에 관한 연구가 요망된다. 의료분쟁은 진료과목별로 분쟁의 양상과 해결양상이 다르며, 유사한 의료분쟁이 반복하여 발생하는 경향이 있다(신은하, 2007). 또한 의료사고의 경우 의료소송 판결문의 분석을 통해 사고 원인의 유형별 분류 및 의료사고로 가장 많이 연결되는 의료행위의 파악이 가능하다(민혜영, 1997). 따라서 진료과목별 특성과 원인을 분석해 예방이 가능한 부분은 효과적인 예방대책을 세워, 같은 일이 반복되지 않도록 대비하여야 한다.

본 저서는 대한의사협회의 연구용역을 통하여 진행된 연구의 결과를 바탕으로 저술되었다. 연구대상인 판결문은 연세대학교 의료법윤리학연구원에서 보유하고 있는 판결문 10,048건을 활용하였다. 해당 판결문은 2011년 8월부터 의료법윤리학연구원 소속 연구원들이 법원도서관을 방문하여 전문과목별 의료민사 판결로 검색되는 판결문의 사건번호와 법원명을 수집하였으며, 각 법원에 판결서사본 제공을 신청하여 판결문 원본을 확보하였다. 이 중 연구에 사용할 판결문은 전체 진료과목의 사건 발생시기부터 소송 종결시기까지의 평균소요기간인 약 3.38년(연세대학교 의료법윤리학연구원, 2012)과 정형외과 의료소송의 평균소요기간인 약 4.23년(이원, 2013)을 고려하여 사건번호를 기준으로 2005 - 2010년 사이인 판결문으로 하였다. 다만 2005년 이전 사건번호이더라도 연구대상인 사건과 연결되는 판결문인 경우에는 인과관계 파악에 필요하므로 포함하였고, 이렇게 확인된 판결문은 6,074건이었다.

확인된 판결문 중 배상금액이 있는 사건의 건수를 기준으로 상위 4개 과목(산부인과, 정형외과, 내과, 신경외과)과 외과 판결문을 추출하였다.[1] 이 과정을 통해 확인된 외과 관련 판결문을 확인하였고, 판결문 확인작업을 완료한 후 계량분석 준비 단계, 계량분석 단계, 질적분석 준비 단계, 질적분석 단계로 진행하였다.

각 과목별로 분류된 판결문을 대상으로 사건 발생일시, 소송 진행 현황, 소송의 원인이 된 주요 과정, 사건결과, 과오분류, 최종심 판단 등을 파악하고, 엑셀을 활용하여 기술통계가 가능한 자료로 변환하였다. 변환된 자료를 활용하여 기술통계분석을 실시하였고, 계량분석 결과를 참고하여 전문가 자문회의를 거쳐 질적분석 대상인 20건의 판결문을 선정하였다. 자문단은 대한외과학회를 통하여 전문가를 추천받았으며, 그 외에 연세대학교 의료법윤리학연구원의 겸임교수진 등을 활용하여 구성하였다. 질적분석 대상 선정을 위해 자문회의를 실시하였고 자문회의 결과에 따라, 중요도와 다빈도 질환 및 수술, 후유증 등을 고려하여 급성충수돌기염, 갑상선기능항진증, 마비성 장폐색, 패혈증, 하지정맥류, 복부자상 등의 관련 판결문을 선정하였다.

질적 분석은 사건의 발생 원인 파악 및 재발을 방지하기 위하여 판결문에 제시된 내용을 토대로 여러 방향에서의 사건의 원인을 분석하고, 유사한 사건의 재발을 방지하기 위한 사항을 제안하였다. 이를 위하여 판결문의 내용을 시간순서대로 재구성하였으며, 원고(환자)가 주장하는 사항과 피고(의료진 및 의료기관)가 주장하는 사항 그리고 이에 대한 법원의 판단을 구분하여 제시하였으며, 손해배상의 범위 등에 관하여 제시하였다. 이를 토대로 문제가 된 진료과정을 다시 한 번 분류하였으며, 이와 관련된 인적 요인(환자측 요인, 의료인측 요인)과 시스템적 요인(의료기관 내 요인, 법제도적 요인)으로 나누어 분석하였다. 다음으로 인과관계도를 활용하여 사건의 원인과 원인별 재발방지책을 제시하였으며, 마지막으로 주체별(환자, 의료인, 의료기관, 학회 및 직

---

1) 배상금액이 있는 사건의 건수를 기준으로 5위는 성형외과, 6위는 외과였다. 연구의 목적 및 상위 4개 과목 등을 고려하였을 때, 6위인 외과가 더 적합하다고 판단되어 연구대상 과목으로 외과를 선정하였다.

능단체, 국가 및 지방자치단체)로 재발방지를 위한 사항을 제안하였다. 분석된 자료는 자문단의 검토과정을 통하여 부족한 부분을 보완하였다.

　이 책에서는 진단 지연 또는 진단 미비 관련 판례, 적절한 처치 또는 처치 지연 관련 판례, 경과관찰 관련 판례, 전원 관련 판례, 설명 의무 관련 판례로 분류하여 사건의 개요, 법원의 판단, 손해배상범위, 사건원인분석과 재발방지대책을 소개하겠다.

▌참고문헌 ▌

민혜영. (1997). 의료분쟁소송결과에 영향을 미치는 요인에 관한 연구. 연세대학교 학위논문.

Institute of Medicine Committee on Quality of Health Care in America; Kohn, L. T., Corrigan, J. M., Donaldson, M. S. editors (2000). To err is human: building a safer health system. Washington, DC: National Academies Press, 이상일 역(2010), 사람은 누구나 잘못 할 수 있다: 보다 안전한 의료 시스템의 구축, 이퍼블릭.

신은하. (2007). 의료분쟁 발생 현황 및 진료과목별 분쟁 특성 분석. 연세대학교 학위논문.

연세대학교 의료법윤리학연구원. (2012). 위험도 상대가치 개선을 위한 의료사고 비용조사 연구.

이 원. (2013). 정형외과 의료소송 판결문 분석을 통한 경향 파악과 원인 분석. 연세대학교 학위논문.

한국의료분쟁조정중재원. (2016). 2015년 의료분쟁조정·중재 통계연보.

제2장

진단 지연 또는 진단 미비 관련 판례

진단 지연 또는 진단 미비 관련 판례

제2장

판례 1. 복부 및 흉부 자상 환자의 소장 천공 미발견으로 인한 환자의 사
 망_부산고등법원 2007. 11. 22. 화해권고결정 2007나10191

1. 사건의 개요

환자는 복부, 흉부 자상으로 응급실에 119 응급차를 타고 내원하였다. 의료진이
복부 시험적 개복술을 시행하여 방광 부위의 손상을 발견하고 방광봉합술을 시행하
였다. 그 외 다른 장기 손상은 발견하지 못하였다. 수술 후 CT촬영에서 복강 내 이물
질이 발견되어 2차 수술을 시행하였다. 수술 중 소장에서 구멍을 발견하여 봉합하였
다. 2차 수술 후 중환자실로 옮겨 치료를 계속 시행하였으나 환자는 사망에 이르렀다
[부산지방법원 2007. 5. 23. 선고 2006가합8590 판결, 부산고등법원 2007. 11. 22. 선고 2007
나10191 결정].

날짜	시간	사건 개요
2004. 10. 16.	01 : 30	• 복부, 흉부 자상으로 응급실에 119 응급차를 타고 내원(환자 1959. 3. 14.생, 사고 당시 45세, 여자) = 활력징후 정상, 장음 저하, 복부 자상의 깊이 7-8cm 정도 • 응급실에서 유치도뇨관을 삽입하자 육안으로 혈뇨 확인 • 요분석검사 결과 적혈구 다수 검출 • 복부 및 골반 CT촬영

날짜	시간	사건 개요
2004. 10. 16.		• 복부 시험적 개복술 시행(외과 담당의, 비뇨기과 담당의 수술 참여) = 방광 부위 제외, 다른 장기 손상 발견하지 못함 • 방광봉합술 시행, 복강 내 배액관 유치
(날짜 미기재)		• 수술 후 비뇨기과 수액 및 항생제 투여 받았으나, 가스가 배출되지 않을 뿐 아니라, 빈맥과 복통이 있음
2004. 10. 26.	(시간 미기재)	• CT촬영: 복강 내 이물질 발견 • 복부천자 결과 고름이 나왔음
2004. 10. 26.	21 : 50	• 2차 수술 시행(외과 담당의 수술 참여) = 복강 내 전반에 걸쳐 담즙이 나왔고 장간막 근처 소장의 중, 하위 부위에 0.5cm 가량의 구멍 발견 = 구멍이 나 있는 소장을 10cm 전후로 자른 후 봉합한 다음 장루 시행 • 2차 수술 후 중환자실로 옮겨 치료 계속 시행
2004. 10. 27	14 : 10	• 사망 = 방광·소장 열상으로 인한 패혈증 및 다발성 장기부전으로 사망

2. 법원의 판단

가. 소장의 손상 발견 지체에 과실이 있는지 여부: 법원 인정(제1심) → 법원 인정(항소심)

(1) 의료인 측 주장

개복하여 복부 장기를 수차례 관찰하고 압착 등에 의해 장기의 이상 여부를 확인하였고, 복강 내에 배액관을 유치하여 내용물이 누출되는지도 확인하였다. 병원 의사가 소장 손상을 적시에 발견하지 못한 것은 의사의 과실이 아니라 환자의 심한 복부 비만이라는 신체적 특이사항 때문이다.

(2) 법원 판단

피고 병원 의료진은 1차 수술을 시행하는 과정에서 자상으로 인한 소장의 손상 여부를 주의 깊게 확인하지 못하였다. 의료진이 장기를 수차례 압착하였다는 점에 대하여는 믿기 어렵다. 그리고 환자에게 심한 복부 비만이 있을 경우 장기의 손상을 쉽게 발견할 수 없다는 사실을 사전에 이미 알고 있으므로 더욱 세심한 주의를 기울여 환자의 장기 손상 여부를 확인했어야 한다. 수술실에서 확인되지 않은 장의 미세손상이나 육안으로 인지할 수 없는 미세천공의 가능성에 대한 조치를 의료진은 따로 취하지 않았고 환자가 1차 수술 후 복부 통증과 팽만을 호소했으나 별다른 조치를 받지 못한 점에 비추어 볼 때 피고 병원이 환자의 소장 손상을 발견하지 못한 원인이 피고 병원의 과실이 아니라 환자의 신체적 특이사항 때문이라고 보기 어렵다.

3. 손해배상범위 및 책임제한

가. 의료인 측의 손해배상책임 범위: 60% 제한(제1심) → 40% 제한(항소심)

나. 제한 이유

(1) 인정사실 및 환자의 신체적 특이사항, 수술의 시술방법, 난이도 및 긴급성 등을 고려하여 피고들의 책임제한비율을 60%로 제한함(제1심)

(2) 손해배상책임 범위를 40%로 변경한 이유는 제시되지 않음(항소심)

다. 손해배상책임의 범위

(1) 제1심

① 청구금액: 167,356,554원

② 인용금액: 95,413,906원

  – 일실수입: 104,356,512원×60%

  – 장례비: 3,000,000원×60%

  – 손해배상액: 64,413,907원×60%

  – 위자료: 31,000,000원

(2) 항소심

① 청구금액: 167,356,554원

② 화해권고결정 금액: 88,000,000원

4. 사건 원인 분석

판결문에 작성된 감정촉탁결과로 볼 때 복부 손상의 정도가 큼에도 불구하고, 피고 병원 의료진은 수술실에서 확인되지 않은 장의 미세손상이나 육안으로 인지할 수 없는 미세천공의 가능성을 염두에 두고 1차 수술 후 그에 대한 조치를 취하지 않았다. 자문위원 의견으로는 수술 중 외상에 의한 장천공을 확인하는 방법으로는 육안 관찰과 압착 등에 의한 장기의 누출을 확인하는 방법이 있으며, 이러한 육안 관찰만으로는 미세천공의 경우 발견하지 못할 수도 있다. 따라서 수술 전 환자의 외상 상태 및 전산화 단층 촬영소견 등을 종합하여 천공의 가능성이 높을 경우 수술 중 보다 섬세한 관찰이 필요하고, 또한 복강 내 미세한 손상이 있는 경우나 관찰이 어려운 부위의 손상은 발견하지 못하는 경우가 있기 때문에 이런 경우를 대비하여 수술 전 설명을 충분히 하여야 하며 환자 관찰을 매일 시행하여 비교하고 환자 상태가 호전이 없는 경우에는 필요한 검사를 적극적으로 했어야 한다(〈표 1〉 참조).

〈표 1〉 원인분석

분석의 수준	질문	조사결과
왜 일어났는가? (사건이 일어났을 때의 과정 또는 활동)	전체 과정에서 그 단계는 무엇인가?	- 수술 전 설명 단계 - 수술 시행 과정 - 수술 후 환자 관리 단계
가장 근접한 요인은 무엇이었는가? (인적 요인, 시스템 요인)	어떤 인적 요인이 결과에 관련 있는가?	• 의료인 측 - 수술 전 설명 미흡(발견하지 못한 손상의 존재 가능성에 대한 설명 미흡) - 수술 중 과실(수술 중 외상에 의한 장천공을 확인하지 못함) - 수술 후 환자 관리 미흡(환자의 이상증상 호소에도 적절한 검사 및 조치 미시행)
	시스템은 어떻게 결과에 영향을 끼쳤는가?	

5. 재발방지 대책

원인별 재발방지 사항 제안은 〈그림 1〉과 같으며, 각 주체별 재발방지 대책은 아래와 같다.

〈그림 1〉 외과 질적 01 원인별 재발방지 사항 제안

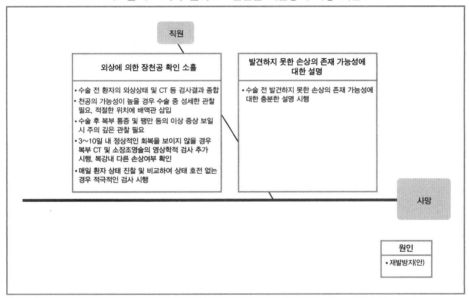

(1) 의료인의 행위에 대한 검토사항

복부 및 흉부에 자상을 입은 본 사건의 환자와 비슷한 상태의 환자에게 수술을 시행할 경우, 수술 전 환자의 외상상태에 대한 육안을 통한 관찰 및 CT 등 검사 결과를 종합하여 환자의 상태를 파악하여야 한다. 수술을 시행했음에도 발견하지 못할 손상의 존재 가능성에 대하여 환자와 보호자에게 충분히 설명하여야 한다. 수술 중에는 섬세하게 관찰을 하여 적절한 위치에 배액관을 삽입하여야 하고 수술 후 환자가 정상적인 회복을 보이지 않으면 주의 깊은 관찰을 하며 추가 검사를 시행하여 복강 내 다른 손상이 있는지 확인하여야 한다.

판례 2. 양성 종양 췌장에 대한 휘플 수술(Whipple's operation) 이후 당뇨병 발생_인천지방법원 2008. 1. 31. 선고 2006가합3928 판결

1. 사건의 개요

환자는 소화불량 및 변비 증상으로 피고 병원에 내원하였다. 내원 당시 다른 의료기관에서 복부췌장염과 췌장종양 진단을 받은 상태였다. 내원하여 복부초음파, ERCP, 상복부 CT를 시행받았는데 췌장 두부암이나 췌장선암은 거의 아닌 것으로 진단받고 퇴원하였다. 이후 재입원하여 초음파검사로 점액 낭성종양이나 췌장암이라고 진단받고 췌장 두부의 일부, 십이지장 전체 및 위장의 일부, 담도를 절제하는 휘플 수술을 시행받았다. 수술 이후 환자는 심한 당뇨병을 앓게 되었고 진료기록부를 교부받아 이 사건 수술로 절제된 종양이 악성이 아닌 양성 종양인 미세 낭포성 낭선종인 사실을 확인하였다[인천지방법원 2008. 1. 31. 선고 2006가합3928 판결].

날짜	사건 개요
1999. 9. 11.	• 소화불량 및 변비 증상으로 내원 = 다른 의료기관에서 복부초음파 검사결과 췌장염, CT 결과 췌장종양 진단
1999. 9. 13.	• 피고 병원으로 전원 = 복부초음파 검사 ① 췌장 두부에 종괴가 나타나고, 이것이 췌관에 확장되었다는 증거는 없음 (No evidence of P-duct dilatation) ② 위 종괴는 췌관 내 유두상 점액종양이라는 낭종성 종양으로 의심되고 (R/O. IPMT.), 췌장 두부암은 거의 아닌 것(Pancreatic head Ca., less likely)으로 판단
1999. 9. 16.	• 내시경적 역행성 담췌관 조영술(ERCP) 시행 ① 임상적 진단: 췌장 두부의 낭성 종양(Pancreatic Head Cystic Tumor) ② 진단적 ERCP: 유두(Papilla)-정상, 암(Ca) NO ③ 췌조영도(Pancreatogram): 췌장암 NO, 팽대부 주변(주위) 암 NO ④ 담관조영상: 정상, 암 NO ⑤ 소견(Impression): 비정상 소견 없음(No Abnormal Finding)

날짜	사건 개요
1999. 9. 17.	• 상복부 CT ① 췌장 두부에 직경 1.8cm 크기의 다발성 낭종으로 된 종양이 있음 ② 위 종양은 췌장 표면에 접해 있으나 췌장 주위 지방 조직까지는 뻗쳐 있지 않음(The mass is contacted with the pancreatic surface, but do not extend to the pancreatic fat tissue) ③ 장액 낭선종으로 의심(R/O. Serous Cystadenoma) ④ 췌장선암은 거의 아님(less likely, Pancreatic Adenocarcinoma)
1999. 9. 22.	• 퇴원
1999. 9. 27.	• 재입원
1999. 9. 29.	• 췌장 두부의 일부, 십이지장 전체 및 위장의 일부를 절제하는 내용의 휘플 수술 시행 = 췌장 두부에 있는 종괴에 직접 대고 하는 초음파검사 실시(종괴가 여러 격벽을 갖는 다발성 낭종으로서 점액 낭성종양이나 췌장암이라고 진단) = 췌장 두부의 50-60%, 십이지장의 전체 및 위장의 55-70%, 담낭, 담도 등을 동시 절제 = 제거된 췌장 두부와 위 등에 대한 조직검사 시행
1999. 10. 7.	• 9/29 시행 조직검사 결과 ① 절제된 췌장은 6×3×2.5cm로 두부에 다발성으로 방이 형성된 1×1cm 크기의 종양 덩어리가 있는데, 이는 미세 낭포성 낭선종(Microcystic cystadenoma)임 ② 절제된 위장은 대만곡 12cm 및 소만곡 10cm로 만성 표재성 위염이 있음 ③ 절제된 십이지장의 길이는 10cm으로 만성 비특이성 염증이 있음 ④ 절제된 담낭은 5×3cm로 점막층의 자가분해(autolysis of mucosa)가 있음
2005. 7.	• 수술 이후 심한 당뇨병을 앓게 되었는데, 피고 병원으로부터 진료기록부를 교부받아 이 사건 수술 전의 각종 검사결과가 1999. 9. 13.부터 1999. 9. 17.까지의 결과와 같고 이 사건 수술로 절제된 종양이 악성이 아닌 양성 종양인 미세 낭포성 낭선종인 사실을 확인하여 소송함

2. 법원의 판단

가. ERCP 검사 당시 조직 생검을 하지 않은 점의 과실 여부: 법원 불인정

(1) 원고 측 주장

1999. 9. 16. 시행한 ERCP 검사 당시 췌장 두부의 표면에 있는 종괴에 대하여 흡인천자 및 조직검사를 시행하여 종괴의 악성 여부를 확인한 후 양성으로 확인되면 각종 검사를 하면서 경과를 관찰할 수 있었음에도 조직 검사를 시행하지 아니한 채로 수술 후 합병증을 초래할 수 있고 또한 사망의 위험도가 높은 이 사건 수술을 시행한 것은 의료상의 과실이다.

(2) 법원 판단

ERCP 당시 췌장표면에 존재하는 낭포성 질환의 조직생검을 하기가 구조적으로 용이하지 않고 때로는 위험할 수도 있어 조직을 채취하기 위하여 전신마취 하에 개복술을 시행하지 않은 것에 의료상의 과실이 있다고 보기 어렵다.

나. 실시한 냉동절편검사 결과를 무시하였는지 여부: 법원 불인정

(1) 원고 측 주장

의사가 개복 당시 냉동절편검사를 시행하여 환자의 종양이 '만성 비특이성 염증'이라는 사실을 알고 있었으므로 췌장두부의 약 50-60%를 절제하는 이 사건 수술을 시행한 것은 의료상의 과실이다.

(2) 법원 판단

의사가 개복 당시 냉동절편검사를 시행하였다고 단정하기 어려우므로, 검사를 시행하였음을 전제로 한 환자 측의 주장은 이유 없다.

다. 냉동절편검사를 시행하지 아니한 것의 과실 여부: 법원 인정

(1) 피고 측 주장

의료진은 이 사건 수술 당시 육안으로 확인된 종양의 크기가 1.8cm로서 췌장의 실질 속에 파묻혀 있었는데, 조직검사를 위해 파헤치면 만약 암일 경우 암세포가 복강 전체에 퍼질 위험이 있어 부득이 조직검사 없이 수술을 실시하였다고 주장한다. 또한 수술 직후 환자의 혈액검사 당시의 혈당치(GLU)가 모두 정상범위 내에 있었고 휘플 수술의 경우 췌장이 50% 이상 잔존하여 수술로 인하여 당뇨병이 발생하지 않으므로 이 사건과 당뇨병 발생 사이에는 직접적인 인과관계가 없다.

(2) 법원 판단

의료진은 환자에 대한 수술 전 각종 검사결과에 나타난 소견에 기초하여 개복 후 종양에 대한 냉동절편검사를 시행하여 종양의 악성 여부 확인 및 결과를 토대로 한 경과관찰의 가능성 및 수술시행 여부와 그 방법 등을 결정하였어야 함에도 불구하고 이에 이르지 아니한 채 췌장암으로 속단하고 췌장루, 당뇨병 등 후유증의 발생 위험이 큰 수술을 실시하여 후유증인 당뇨병이 발생한 것으로 추정된다.

환자는 수술 전 당뇨병에 걸린 적이 없었는데, 사건 수술 후 현재 심한 당뇨병 증상을 보이고 있는 사실이 인정되며, 사건 수술 후 이루어진 환자의 혈액검사에서 혈당치(GLU)가 2000. 8. 29.자 97mg/dℓ, 2001. 2. 20.자 99mg/dℓ, 2001. 5. 21.자 105mg/dℓ로서 모두 정상범위인 70−110mg/dℓ 이내에 있었던 사실은 인정되나, 위 인정사실만으로는 환자에게 발생한 당뇨병이 이 사건 수술과 무관하게 다른 원인으로 말미암은 것이라고 단정하기에 부족하고 인정할 증거가 없다. 그리고 휘플 수술 후 남은 췌장은 보통 50% 이상이지만 수술 이후 합병증 등이 생기면 건강한 췌장이라도 건강하지 않은 췌장으로 바뀔 수 있고, 휘플 수술로 인하여 췌장의 50−60%가 절제되어 췌장의 실질에 손실이 생기면 일반적으로 30−60% 정도의 환자에서 당뇨가 발생하는 점 등도 고려하면 이 사건 수술과 환자의 당뇨병 사이에는 상당 인과관계가 있다고 보여 진다.

3. 손해배상범위 및 책임제한

가. 의료인 측의 손해배상책임 범위: 일실수입 배상 불인정

나. 제한 이유

(1) 환자의 당뇨병 증상은 약으로 조절될 수 있는 상태인 점

(2) 환자의 현재 상태는 맥브라이드 노동능력상실평가표나 국가배상법 시행령 별표 노동력상실률표에 없어 노동능력상실정도를 수치화 할 수 없는 점

(3) 환자에게 당뇨병의 합병증이 발생하면 그때 판단된 노동능력상실표에 따라 일실수입 손해를 구할 수 있으며 현재는 노동능력상실의 장애가 발생되었다는 점을 인정할 증거가 없는 점

다. 손해배상책임의 범위

(1) 청구금액: 265,794,840원
(2) 인용금액: 30,105,950원
 - 치료비(약제비): 105,950원
 - 위자료: 30,000,000원

4. 사건 원인 분석

이 사건에서 의료진이 복부초음파 검사, ERCP, 상복부 CT 결과를 토대로 휘플 수술을 시행하겠다고 결정한 것은 성급한 판단이었다고 생각된다. 의료진은 수술 전 각종 검사결과에 나타난 소견에 기초하여 개복 후 종양에 대한 냉동절편검사를 시행하여 종양의 악성 여부 확인 및 결과를 토대로 한 경과관찰의 가능성 및 수술시행 여부와 그 방법 등을 결정하였어야 했다. 그리고 휘플 수술을 시행하기 전, 의료진이 환자 및 보호자에게 수술에 대한 충분한 설명을 했는지 여부도 의문이다. 충분한 설명을 들었다면 환자 측은 수술 여부에 대해 재검토했을 가능성도 있다(〈표 2〉 참조).

〈표 2〉 원인분석

분석의 수준	질문	조사결과
왜 일어났는가? (사건이 일어났을 때의 과정 또는 활동)	전체 과정에서 그 단계는 무엇인가?	－수술 전 검사 시행 및 수술 결정 단계
가장 근접한 요인은 무엇이었는가? (인적 요인, 시스템 요인)	어떤 인적 요인이 결과에 관련 있는가?	• 의료인 측 －수술 전 검사 미시행(흡인천자 및 조직검사를 시행하 　지 않음) －성급한 수술 시행 결정
	시스템은 어떻게 결과에 영향을 끼쳤는가?	

5. 재발방지 대책

원인별 재발방지 사항 제안은 〈그림 2〉와 같으며, 다음과 같은 재발방지 대책이 필요하다.

〈그림 2〉 외과 질적 02 원인별 재발방지 사항 제안

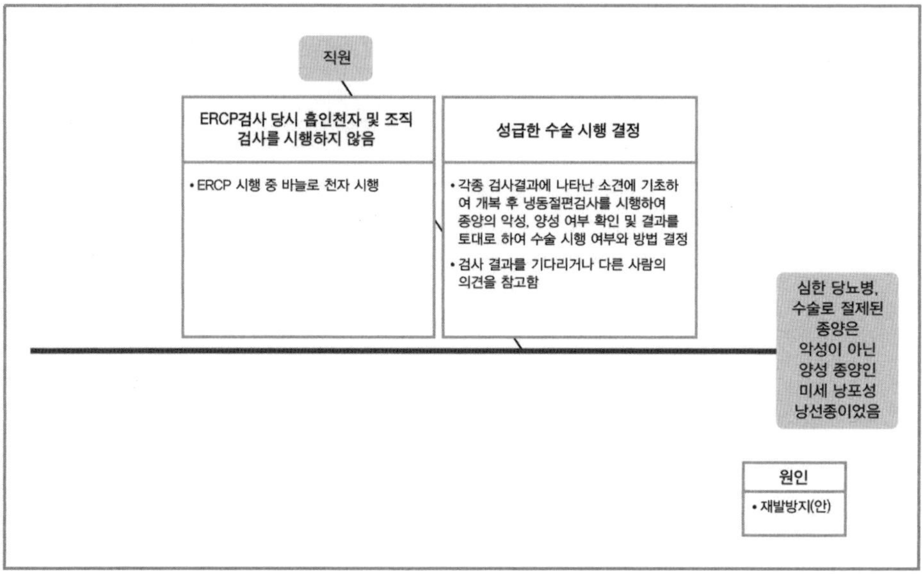

(1) 의료인의 행위에 대한 검토사항

종양의 악성과 양성 여부에 대한 정확한 진단을 위하여 ERCP 검사 시행 중 흡인천자 및 조직검사를 시행하며, 각종 검사 결과에 나타난 소견에 기초하여 개복 후 냉동 절편검사 시행도 고려하여야 한다. 이런 검사 결과를 토대로 수술 시행 여부와 방법을 결정하여야 하며 수술 결정이 어려울 시에는 다른 의료진의 의견을 참고하도록 해야 한다.

┃ 참고자료 ┃ 사건과 관련된 의학적 소견

1. 췌장 종양의 종류 및 처치

췌장에서 발생하는 낭성종양은 장액 낭선종(serous cystadenoma)과 점액낭성종양(mucinous cystic neoplasm) 등이 있는데, 그 중 장액 낭선종은 크기가 평균 6−10cm(최대 지금 25cm)이고 주로 췌장 두부에 발생하는 악성 전환을 하지 않는 양성 종양이다. 이 종양은 절제가 치료 원칙이긴 하지만 수술 위험도가 높거나 나이 많은 환자 중 췌장 두부에 위치한 낭종으로서 방사선 검사상 장액 낭선종이 확실하고 낭종 내액의 세포검사상 양성 세포를 보이며 낭종 내액의 암태아성항원(AFP) 수치가 낮은 경우에는 추적 관찰을 할 수 있다. 만성 낭성병변으로서 수술하는 경우에는 반드시 조직검사로 확인하여야 하며, 가능한 한 췌장을 보존할 수 있는 절제술을 시행하여야 하고, 점액 낭성종양은 평균크기가 6−8cm로 췌장암으로 진행할 수 있기 때문에 수술로 절제하는 것이 원칙이다.

모든 췌장종양은 원칙적으로 제거되어야 한다. 왜냐하면 ① 향후 악성화의 소지가 있는 점액 낭성종양인지 아니면 그렇지 않은 장액 낭선종인지 여부를 구별하기 어렵고, 낭성종양일 경우 상피세포는 점액 낭성종양이라고 하여도 95%까지 장액 상피세포 소견을 보일 수 있으며, 종양은 일부에서 양성 상피세포를 가지더라도 다른 부분에서 이형성, 또 다른 부분에서는 악성 세포를 가질 수 있고, ② 낭성 종양을 제거하지 않는 경우 낭성종양에 병변이 진행하여 드물기는 하지만 폐쇄성 황달 및 위장관 출혈 등이 발생할 우려가 있으며, ③ 전이되거나 주변 조직으로의 침윤이 있는 낭성종양이라 하더라도 완전 절제된 경우의 예후가 췌장의 다른 악성 병변에 비하여 월등히 좋기 때문이다.

ERCP는 내시경으로 위장을 지나 십이지장까지 가서 담즙이나 췌장액이 나오는 팽대부에 관을 삽입하고 췌관과 담도를 촬영하는 기술인데, 이때 팽대부 표면에서 가까운 곳의 조직생검을 위하여 표면에 가까운 곳은 조직을 채취할 수 있으나, 팽대부의 깊은 곳, 예를 들면 췌장조직이나 담도관 점막 부분은 조직을 채취할 수 없다. 위와 같은 조직생검을 하여 양성 종양임이 확인되면 절제술을 시행하지 않고 CT나 MRI 또는 초음파검사 등을 정기적으로 하면서 경과를 관찰할 수 있으나, ERCP 검사를 하면서 췌장표면에 존재하는 낭포성 질환의 조직생검을 하기가 구조적으로 용이하지 않고 때로는 위험할 수도 있으므로 조직을 채취하기 위하여 전신마취하에 개복술을 시행하는 것이고, 개복을 하더라도 조직생검이 간단히 되지는 않아 생검 검사를 위한 조직을 얻기 위하여 절제술을 시행하기도 한다.

췌장 두부의 낭종이 암이라는 확진보다 장액 낭선종의 가능성이 더 많았다고 하더라도 양성 질환이라는 것을 확실하게 밝히기 위해서는 조직생검을 하여야 하고, 조직을 채취하기 위하여 개복술을 시행한 경우 췌장 두부의 낭종이 췌장의 표면에 존재한다면 개복을 할 경우 쉽게 냉동절편검사를 실시할 수 있고, 이 경우 대략 1시간 이내에 그 결과를 알 수 있으며, 만약 낭종이 췌장조직의 깊숙한 곳에 존재하였다면 조직검사를 시행하기가 어려울 수 있고 또한 췌장 깊은 곳에 존재하고 췌관과 연결이 있는 낭종을 조직검사하면 그 후에 합병증으로 췌장루가 발생하는 등 심각한 결과가 발생할 수 있으므로 이런 경우에는 조직검사를 하지 않고 그냥 절제술을 시행하기도 한다. 한편 개복한 후 시행하는 초음파검사보다는 냉동절편 검사가 종양의 악성 여부를 구별하는 데 더 정확하다. 조직생검을 통하여 양성질환이라는 것이 확실하면 굳이 절제술을 하지 않고 CT나 MRI 또는 초음파검사 등을 정기적으로 시행하면서 경과를 관찰할 수 있다.

췌장 두부에 있는 종괴의 크기가 작고 양성이며 췌장의 표면에 있으면서 췌장액이 분비되는 췌관과의 연결이 없는 경우 제한적으로 췌장표면에 있는 종괴만을 제거하는 수술이 가능하다. 다만 이 경우 십이지장은 동시에 절제하는 것이 일반적인 표준수술방식으로 되어 있다.

2. 휘플 수술

휘플 수술은 췌장의 두부와 십이지장을 포함하여 위장의 하부쪽 및 담낭, 담도 등을 동시에 절제하는 수술로서, 주로 췌장 두부의 종양, 원위부 담도암, 파터씨팽대부암 등과 외상에 의하여 췌장 두부나 십이지장이 심하게 손상되었을 때 시행하는 수술이고, 소요되는 시간은 8-12시간 정도이며 수술 후의 합병증이나 사망률의 빈도가 매우 높은 위험한 수술일 뿐 아니라 기술적으로도 어려운 수술이다. 휘플 수술의 합병증으로는 절제되고 남은 췌장 단면에 소장을 연결하는 문합부의 누출이 발생하는 췌장루와 남은 췌장에서 분비되는 소화효소나 호르몬이 부족하여 소화불량이나 당뇨병이 나타날 수 있다.

휘플 수술 후 남은 췌장은 보통 50% 이상이므로 수술 이전의 췌장이 정상기능을 한 건강한 췌장이라면 당뇨병은 발생하지 않으나, 수술 후 합병증 등이 생기면 건강한 췌장이라도 건강하지 않은 췌장으로 바뀔 수가 있고, 또한 당뇨병의 가족력이 있거나 비만, 고혈압 등 당뇨병의 소인이 있는 환자라면 휘플 수술을 받았을 경우에 당뇨병의 발생이 다소 앞당겨질 수 있으며, 휘플 수술로 인하여 췌장의 50-60%가 절제되어 췌장의 실질에 손실이 생기면 일반적으로 30-60% 정도의 환자에서 당뇨가 발생한다.

판례 3. 치질 진단 및 수술 이후 직장암 발견_서울지방법원 2008. 10. 30. 선고 2007가단44913 판결

1. 사건의 개요

환자는 수개월 전부터 있어온 복통, 혈변 등의 증상으로 피고 의원에 내원하였다. 의사는 직장수지검사 등을 통해 다발성 치질 및 변비 등으로 진단하고 치질 수술을 시행하였다. 수술 후 복통, 복부팽만 등의 증세가 나타났으나 의사는 치질, 변비, 비의존성 당뇨, 철결핍성 빈혈, 자극성 장증후군에 의한 것으로 판단하였다. 환자는 수술 후 6일 만에 퇴원하였으며 수술 중 입은 화상치료를 위해 거의 매일 통원치료를 하였다. 항문에서 굳은 피가 쏟아졌다는 환자의 호소가 있었으나 의사는 약물치료만 시행하였다. 환자는 통원 치료를 마친 6개월 후 배변장애, 배변 후 잔변감, 체중 감소 등의 증상으로 타병원에 내원하여 내시경 검사를 시행한 결과 직장암 진단을 받았다. 그 후 직장암 수술을 받았는데 조직검사 결과 직장암 3기로 폐에 전이된 상태이다[서울지방법원 2008. 10. 30. 선고 2007가단44913 판결].

날짜	시간	사건 개요
2005. 8. 30.경		• 수개월 전부터 있어온 복통, 혈변, 가는 변, 변을 볼 수 없고 대변을 볼 때의 통증 등의 증상으로 내원(환자 나이, 성별 미상)
2005. 8. 31.		• 인슐린 비의존성 당뇨병, 복부 및 골반 통증 등으로 진단 • 당검사 등의 기본 검사 및 그에 따른 약 처방
2005. 9. 8.경		• 항문 통증 호소에 따라 직장수지검사 등 시행 결과 = 다발성 치질 및 변비 등으로 진단

2005. 9. 10.		• 수술 전 혈액의 혈색소(Hb)/적혈구 용적율(Hct) 검사 결과: 8.1/31.7
		• 척추수마취 후 치질 수술 시행
		  = 수술 도중 전기소작기(Bovie)의 접지 불량으로 우측 발목에 2도 화상
		  = 수술 중 문제없음. 수술 직후 출혈

2005. 9. 12.	새벽	• 체온 38.2℃, 복부 팽창, 복부 및 가슴 통증, 활력징후 정상

날짜	시간	사건 개요
2005. 9. 13.		• 활력징후 정상, 수술부위 출혈 멈춤, 복부 통증 완화, 출혈(−), 통증(+)
2005. 9. 14.		• 혈액의 혈색소(Hb)/적혈구 용적율(Hct): 5.9/22.4 (수술 전에 비해 계속 낮아짐) • 출혈 의심(복강 내 출혈, 수술 후 출혈) = 출혈이 의심되는 증거, 소견 없음. 복통, 복부 팽창 관련하여 경인진단방사선과에 복부−골반 CT촬영 의뢰
2005. 9. 15.		• 혈액의 혈색소(Hb)/적혈구 용적율(Hct): 5.7/18.0 • 지속적으로 복통, 복부팽만 및 고열 증세로 수술 후 6일 만에 퇴원 • CT촬영 결과 = 만성간질환으로 약간의 간경변 증상. 소량의 복수 관찰. 약간의 비장 종대증 보임. 그 외 특이할 만한 소견 없음
2005. 9. 16. − 2005. 12. 17.		• 화상치료를 위해 거의 매일 통원치료 • 3번에 걸쳐 직장수지검사 • 원고의 증세를 치질, 변비, 인슐린 비의존성 당뇨병, 철결핍성 빈혈, 자극성 장증후군에 의한 것으로 판단하여 약물치료만 시행
2005. 10. 8.		• 항문에서 굳은 피가 쏟아졌다는 말 듣고, 항문에는 문제가 없어 대장에 문제가 있을 수도 있다고 판단 • 대장내시경 검사가 필요하다고 생각하였으나 당시 피고가 실제 원고에게 대장 내시경 검사를 받도록 종용하였는지 기재 없어 알 수 없음 • 약물치료 진행
2006. 6. 1.경		• 배변장애, 배변 후 잔변감, 체중감소 등의 증상으로 타병원에 내원(통원치료 마친 6개월 후) • 내시경(항문직장경 및 항문 에스결장경) 검사 결과 = 직장암(크기 6×3cm)으로 진단 • ○○대학 부속 병원으로 전원
2006. 7. 3.		• 직장암 수술 • 조직검사 결과 = 직장암 3기. 폐에 전이

2. 법원의 판단

가. 진단상의 과실, 전원의무 위반 여부: 법원 인정

(1) 원고 측 주장

피고 병원에 최초 내원했을 때부터 복통, 혈변, 가는 변, 변을 볼 수 없음, 대변을 볼 때 통증 등 직장암을 의심할 만한 증세가 환자에게 있었음에도 피고 의사는 이를 단순히 다발성 치질로 진단하였다. 또한 치질 수술 후 3개월간의 통원치료 중에도 환자에게 통상의 치질 수술 후의 증상이 아닌 복통, 복부팽만, 고열, 항문에서의 다량의 출혈 등의 증세가 있었음에도 치질 등의 증세에 대한 약물치료만 하였을 뿐 그 원인 질환을 찾기 위한 내시경 검사 등의 기본적인 검사도 시행하지 않거나 검사를 위한 적절한 전원 조치도 취하지 않아 조기에 환자의 직장암을 발견하지 못한 과실이 있다.

(2) 피고 측 주장

환자에 대해 직장수지검사 및 방사선 촬영 등의 적절한 검사를 하였으나 다발성 치질, 변비 외의 직장암을 의심할 수 있는 증상이 없었다. 치질 수술 후 환자의 복통, 복부팽만 등의 증상에 관하여는 CT촬영을 하여 만성적 간질환과 소량의 복수 등을 확인하는 등 적절한 검사 및 그에 따른 진단과 치료를 하였다.

(3) 법원 판단

우선 환자가 피고 병원에 최초 내원할 당시부터 직장암을 의심할 만한 증상을 보이고 있었기는 하나 그 증상이 치질 등 다른 질환과 구별이 어려운 경우도 많고, 실제로 환자에게 다발성 치질이 있었던 점에 비춰보면, 의사가 최초 환자 증세를 다발성 치질과 변비 등으로 진단하여 그에 따른 치질 수술을 행한 것에 대하여 어떠한 진단 및 치료 상에 과실이 있었다고 보기는 어렵다. 그러나 통상 치질 수술 이후 나타나는 증상과는 다른 환자의 복통, 복부팽만 등의 증세와 최초 병원 내원 시 증세가 직장암의 일반적인 증세와 유사하였던 점 등을 고려하면, 의사는 최초 진단 결과에 따른 대처가 아니라, 그 원인 질환을 찾으려는 적극적인 노력을 하였어야 한다. 즉 타 질환이 의심되는 증세가 있는지 살펴 그 질환의 발생 여부, 정도 등을 밝히기 위한 적절한 조치를 취하거나 검사를 받도록 환자에게 설명하고 적극적으로 권유할 주의의무가 있었다. 그럼에도 피고 의사는 치질 수술 후 특이 증세가 있는 환자를 3개월간 지속적으로 치료하면서 이를 단순히 치질, 변비, 인슐린 비의존성 당뇨병, 철결핍성 빈혈 등으로 진단하여 그에 대한 약물 치료만 하였을 뿐, 증세의 원인을 밝히기 위한 적극적인 노력이나 적절한 검사 또는 검사를 위한 전원 권유 등 조치를 취하지 않았다. 따라서 환자의 직장암을 조기에 발견하지 못하게 한 과실이 있고 이에 따라 환자는 직장암을 조기에 발견하여 그에 대한 적절한 치료를 받아볼 기회를 상실하였다.

3. 손해배상범위 및 책임제한

가. 의료인 측의 손해배상책임 범위: 위자료만 인정

나. 일실수입 손해 불인정 이유

(1) 환자는 의사의 잘못으로 9개월간 식당 영업을 하지 못하여 합계 1,300만원 상당의 소득을 얻지 못하였다고 주장하지만 환자가 피고 병원에 입원한 기간은 8일 정도에 불과한 점

(2) 퇴원 이후 3개월 동안은 통원 치료를 받은 것이므로 환자가 자신이 운영하던 식당 영업을 하지 못하였다고 인정하기에는 어려운 점

다. 손해배상책임의 범위

(1) 청구금액: 50,000,000원
(2) 인용금액: 15,000,000원(위자료)

4. 사건 원인 분석

의료진은 환자의 항문에서 굳은 피가 쏟아졌다는 말을 듣고, 대장내시경 검사가 필요하다고 생각하였으나 검사를 시행하지는 않았다. 자문위원은 이 경우 환자의 나이가 치료의 방향 결정에 중요한 역할을 하며, 30세 이전의 환자의 경우 대부분 항문

주위 양성 질환이 주 원인이기에 치질수술 및 보존적인 치료로도 항문 출혈에 대한 치료가 적절하다 할 수 있으나, 30세 이상 및 대장암 위험성이 많은 환자, 항문출혈의 양이 많은 환자의 경우에는 위장관 병변을 확인하는 내시경적 접근이 타 질환의 감별과 치료에 중요한 역할을 한다고 하였다. 추가적으로 항문 출혈의 다양한 검사 방법에 대해 설명하고 환자와의 신뢰를 구축하여야 한다고 하였다(〈표 3〉 참조).

〈표 3〉 원인분석

분석의 수준	질문	조사결과
왜 일어났는가? (사건이 일어났을 때의 과정 또는 활동)	전체 과정에서 그 단계는 무엇인가?	‒ 검사 및 처치 단계
가장 근접한 요인은 무엇이었는가? (인적 요인, 시스템 요인)	어떤 인적 요인이 결과에 관련 있는가?	• 의료인 측 ‒ 검사 및 처치 시행 미흡(출혈의 원인 규명을 위한 검 사, 처치 미시행) ‒ 설명 미흡(다양한 검사 방법에 대한 설명 및 신뢰구 축 미흡)
	시스템은 어떻게 결과에 영향을 끼쳤는가?	

5. 재발방지 대책

원인별 재발방지 사항 제안은 〈그림 3〉과 같으며, 각 주체별 재발방지 대책은
아래와 같다.

〈그림 3〉 외과 질적 03 원인별 재발방지 사항 제안

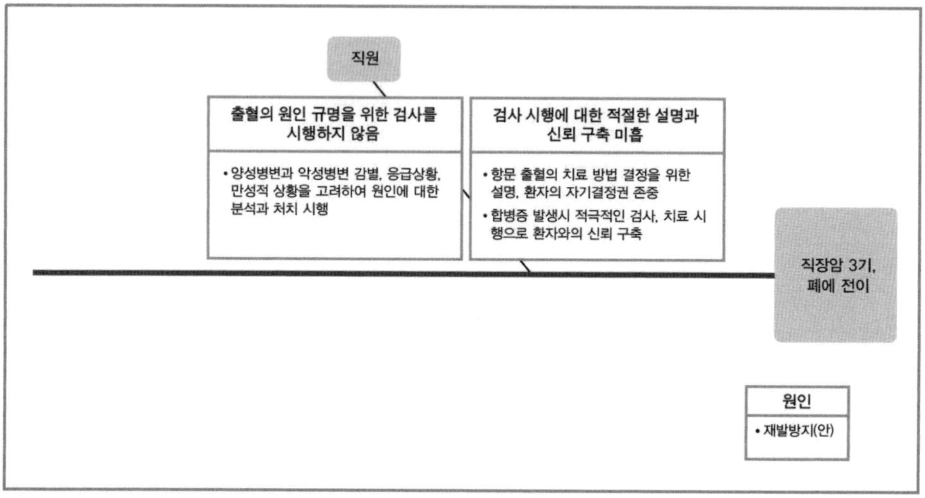

(1) 의료인의 행위에 대한 검토사항

환자에게 출혈이 발생하였을 경우 양성과 악성 병변을 감별하고 응급 및 만성적
상황을 고려하여 원인 규명을 위한 검사를 시행하고 알맞은 처치를 시행하여야 한다.
또한 다양한 검사방법이 있을 경우 이에 대한 적절한 설명을 하고 치료 방법 결정에
대한 환자의 자기결정권을 존중하여야 한다. 또 합병증이 발생하였을 경우에는 적극
적으로 검사, 치료를 시행하고 이에 대한 설명을 하여 환자와의 신뢰를 구축하여야
한다.

┃ 참고자료 ┃ 사건과 관련된 의학적 소견[1]

1. 직장암

직장암이란 직장에 생긴 암세포로 이루어진 악성종양을 말한다. 직장은 대장의 마지막 부분으로 길이는 약 15cm이며 상부, 중부, 하부 직장으로 나눌 수 있고, 천골의 앞면에서 가운데를 따라 내려가 항문에서 끝난다. 대부분의 직장암은 장의 점막에서 발생하는 선암이며, 이외에도 유암종, 림프종, 육종 등이 있다.

초기 직장암의 경우에는 아무런 증상이 나타나지 않으나, 암이 자라면서 변에 피가 섞여 나오는 혈변과 변이 가늘어지는 증상이 흔하게 나타난다. 배변습관의 변화, 배변 곤란, 변을 본 다음에도 다시 보고 싶어지는 후증(잔변감)도 동반될 수 있으나, 증상만으로는 치질 등 다른 질환과 구별이 안 되는 경우도 많다. 직장암 검사방법으로는 변의 잠혈 반응 검사, 직장수지검사, 항문직장경 및 항문 에스결장경검사, 바륨조영 대장 촬영 검사, 전 대장 내시경 검사 등이 있다.

직장암이 있는 경우 통상적으로 3개월 전 대장 내시경 검사를 하였다면 확실히 이를 발견할 수 있으나, 6개월 전은 확실하지 않고 9개월 정도 전에는 종양이 없을 수도 있다. 대개 폴립이 악성종양(암)으로 발전하는데 걸리는 기간은 2년에서 5년까지로 다양하게 보고되고 있고, 사람에 따라 차이가 있어 정확한 측정을 할 수는 없다.

---

1) 해당 내용은 판결문에 수록된 내용입니다.

판례 4. 장폐쇄증 진단 미비로 인한 환자 사망_의정부지방법원 2011. 4. 27. 선고 2009가합13467 판결

1. 사건의 개요

환자는 남자 소아로 1세 때 구토와 혈변 증상이 있어 피고 병원에서 장중첩증 진단을 받고 수술하였다. 1년 정도 지난 후 복통 및 구토 증상으로 동네 의원 등에서 치료를 받았으나 호전되지 않고 장폐쇄가 의심된다고 하여 피고 병원으로 전원하였다. 피고 병원 의료진은 환자가 장폐쇄는 아니라는 진단 하에 응급수술보다는 대증치료 및 경과관찰을 하였다. 그러나 12시간 쯤 지나 심폐기능 정지 등이 나타나 중환자실로 옮겨 치료하였으나 사망하였다[의정부지방법원 2011. 4. 27. 선고 2009가합13467 판결].

날짜	시간	사건 개요
2008. 7. 20.		• 구토와 혈변 증상이 있어 피고 병원에서 장중첩증(intussusception) 진단 = 수술(환자 남자, 2007년생, 사망 당시 2세)
2008. 7. 26.		• 퇴원
2009. 8. 29.	오전경부터	• 복통, 구토 증상
	13 : 00경	• 동네 의원 방문 • 위장약 처방받아 복용하였으나 상태 악화
	18 : 00경	• 다른 의원 방문하여 복부 X선 촬영 결과 = 장에 가스가 많이 차있는 것이 발견되어 관장 시행함
2009. 8. 30.	04 : 14경	• 상태 호전되지 않음. 구토, 복통이 계속되어 응급실 통해 A병원 입원 • 장중첩증 재발 의심
	08 : 30경	• 장중첩증 복원시술(소화기계 투시조영술) 시행하였으나 상태가 나아지지 않아 장중첩증은 아니라고 판단 • 금식 유지, 수액 투여
	17 : 13경	• 다시 구토증상 보임. 복통 계속됨
2009. 8. 31.	07 : 30경	• 복부 X선 촬영 결과

날짜	시간	사건 개요
2009. 8. 31.		= 다발성의 공기 – 액체 음영(air – fluid level) 나타나 장폐쇄를 의심함
	12 : 43경	• 다시 구토증상 보임 • 장폐쇄의 경우 수술이 필요할 수도 있다고 알려주자 원고는 환자를 본인이 간호조무사로 근무하고 있던 피고 병원으로 전원 요청
	14 : 30경	• 피고 병원으로 전원 후 입원
2009. 8. 31.	16 : 30경 17 : 04경	• 복부 X선 촬영, 혈액검사 시행 = 오전보다 더 뚜렷한 공기 – 액체 음영(air – fluid level) 발견 • 10% 포도당용액 처방 • 수액처방 등에도 불구하고 복통 및 담즙성 구토가 간헐적으로 지속됨
2009. 8. 31.	22 : 00경	• 배가 더욱 심하게 불러오고 복통이 심해짐
2009. 9. 1.	01 : 40경	• 체온 37.8℃로 상승
	02 : 00경	• 교액성 장폐쇄는 아니라는 진단 하에 응급수술보다는 대증치료 및 경과관찰이 필요하다고 판단
	06 : 40경	• 체온 38℃로 상승
	08 : 00경	• 혈액검사 하려고 하였으나 혈액 채취 실패
	08 : 10경	• 해열제(서스펜 좌약)만을 처방
	10 : 50경	• 다시 갈색 빛의 구토
	11 : 00경	• 원고가 걱정이 되어 회진을 하던 의사 B에게 환자를 봐줄 것을 부탁 • 의사 B가 진찰하던 중 얼굴이 창백해지고 입술에 청색증이 나타나며 경련을 일으켰고 심폐기능이 정지됨 • 피고 병원 의료진은 심폐소생술 시행, 비위관 삽입한 뒤 중환자실로 옮겨 치료
	14 : 25경	• 사망

2. 법원의 판단

가. 진단 및 처치 소홀 등의 과실이 있는지 여부: 법원 인정

(1) 원고 측 주장

피고 병원은 ① 환자가 1년 전 복부 수술을 받은 병력이 있고 장폐쇄를 의심해야 하는 전형적인 증상이 있었음에도 단순히 장중첩증이 재발한 것으로 오진하였고, ② 장폐쇄 환자의 경우 수액으로 등장성 수액을 투여해야 함에도 불구하고 고장성인 10% 포도당 용액을 투여하여 탈수를 조장하였으며, ③ 비위관을 삽입하여 소장 감압을 시행하여야 함에도 이를 전혀 실시하지 않아 상태를 악화시켰고, ④ 2009. 8. 31. 22 : 00경부터 복부팽만 상태가 악화되었고, 같은 해 9. 1. 01 : 40분부터는 열이 나기 시작하였으므로 교액상태를 의심하고 즉시 수술을 해야 하는데 아무런 조치를 취하지 아니하였으며, ⑤ 2009. 9. 1. 06 : 00경부터는 소변량이 없으므로 심각한 탈수상태였음이 명백한데 등장성 수액을 충분히 투여하지 아니하여 상태를 더욱 악화시켰고, ⑥ 같은 날 06 : 50경 촬영한 복부엑스선 결과에 의하면 전날에 비하여 상태가 악화되었음에도 비위관 삽입 및 응급수술을 시행하지 아니한 과실이 있다.

(2) 의료인 측 주장

피고 병원은 ① 환자 입원 당시 유착성 장마비 의증(R/O Adhesive illeus) 진단을 하고 금식요법 및 수액 처방을 하는 등 환자의 상태를 오진하지 않았고, ② 피고 병원 내원 2일 전부터 환자가 금식상태였으므로 영양상태 개선을 위해 10% 포도당 수액을 주사하면서 탈수에 대비하여 수액량을 표준 금식 대비 120%로 처방하였으며, ③ 비위관 삽입은 불쾌감, 보행운동제한을 초래할 뿐만 아니라 흡인, 부비동염, 이염, 식도손상, 전해질불균형의 위험성을 증가시킨다는 것이 외과 교과서의 일반이론인데다 환자의 경우 위가 수축되어 있는 상태였으므로 비위관을 삽입할 필요가 없었고, ④ 2009. 9. 1. 02 : 00경 피고 병원 의사가 환자를 진찰하고 교액성 장폐쇄는 아니라고 진단되어 응급수술보다는 대증치료 및 경과관찰이 필요하다고 판단하였던 것이고, ⑤ 진료기록상 소변량이 "0"으로 기재되어 있더라도 환자의 경우 도뇨관을 삽입한 상태가 아니었기 때문에 방광 내에 있던 소변이 실제로 배출되는 경우에만 소변량을 기록할 수 있는 것이어서 위 기록만으로 탈수상태였다고 볼 수는 없으므로 피고 병원의 과실은 없다.

(3) 법원 판단

환자가 피고 병원에 내원한 무렵에 이미 기계적 장폐쇄증의 발생을 의심케 하는 공기−액체 음영이 뚜렷하게 나타나고 있었고, 수액처방 등에도 불구하고 상태는 호전되지 않은 채로 가스배출이 안 되고 복통 및 담즙성 구토가 계속되었으므로 이러한 경우 비위관을 삽입하여 장 내 가스 팽창으로 인한 장기 부종을 막고 지속적인 장마비를 완화시키는 것이 일반적임에도 피고 병원은 비위관을 삽입하는 조치를 취하지 않은 과실이 있다. 또한 환자가 전원 되던 날 밤에는 복부팽만이 심해졌고, 체온이 상승하는 등의 증상도 동반되었으므로 장의 허혈성 병변의 진행으로 장의 괴사도 염두에 두고 경과를 관찰하면서 수술을 하는 등 적절한 조치를 취했어야 하는데 이를 하지 않은 과실이 있다.

한편, 단순한 기계적 장폐쇄의 경우 적절한 수액보충요법과 비위관 감압요법만으로 60~80% 정도는 수술 없이도 완쾌될 수 있고, 단순성 기계적 장폐쇄증에서는 전신상태에 별 이상이 없는 24시간 이내에 수술을 하게 되면 경과도 좋다. 따라서 피고 병원이 비위관을 삽입하는 등 보존적 치료를 하고, 경과를 잘 관찰하여 응급수술을 하는 등 적절한 조치를 취하였다면 환자가 사망에 이르지 않았을 것으로 보인다. 이를 볼 때 피고 병원의 위 과실과 환자의 사망 사이에 상당인과 관계가 인정된다.

3. 손해배상범위 및 책임제한

가. 의료인 측의 손해배상책임 범위: 80% 제한

나. 제한 이유

① 사망 전날 실시한 혈액검사 상에 별다른 이상소견이 없었으므로 그 당시로서는 환자가 장폐쇄로 인한 패혈증으로 발전할 것까지 피고 병원 의료진이 판단할 수는 없었던 점

② 기계적 장폐쇄의 경우 반드시 수술을 요하는 것은 아니고 금식하면서 수액을 보충하는 등의 보존적 처치만으로도 회복가능성이 있는 점

③ 피고 병원의 처치가 다소 미흡하기는 했으나 그 방법 자체가 틀렸다고 볼 수

는 없는 점

다. 손해배상책임의 범위

(1) 청구금액: 228,313,456원
(2) 인용금액: 183,450,846원[2]

 − 일실수입: 123,450,846원

 − 장 례 비: 2,400,000원

 − 위 자 료: 60,000,000원

4. 사건 원인 분석

환자는 이전에도 장중첩증 수술이라는 복부 수술을 받은 병력이 있고 복통, 구토의 증상과 복부 X선 촬영 상 공기−액체 음영이 명백히 보여 장폐쇄증의 증상이 나타났음에도 피고 병원 의료진은 장폐쇄증으로 진단을 내리지 못하였다. 또한 환자에게 필요했던 비위관 삽입을 하지 않았고 복부팽만, 고열 등의 증상에 대한 적절한

〈표 4〉 원인분석

분석의 수준	질문	조사결과
왜 일어났는가? (사건이 일어났을 때의 과정 또는 활동)	전체 과정에서 그 단계는 무엇인가?	−환자 진단, 처치, 관리 단계
가장 근접한 요인은 무엇이었는가? (인적 요인, 시스템 요인)	어떤 인적 요인이 결과에 관련 있는가?	•환자 측 −기왕력(복부 수술을 받은 병력) •의료인 측 −환자 진단 및 처치 미흡(장폐쇄증 진단, 조치 지연, 환자 상태 악화 전 보존적 치료 시행 부족)
	시스템은 어떻게 결과에 영향을 끼쳤는가?	

2) 판결문에 인용금액 계산이 잘못된 것으로 보입니다(장례비 포함되지 않음).

조치를 하지 않아 사고가 발생하였다. 이와 같이 본 사건의 원인은 의료진의 진단 잘못으로 보이며, 환자의 상태가 악화되기 전에 시행하여야 할 보존적 치료가 부족한 것으로 보인다는 자문의견이 있었다(〈표 4〉 참조).

5. 재발방지 대책

원인별 재발방지 사항 제안은 〈그림 4〉와 같으며, 각 주체별 재발방지 대책은 아래와 같다.

〈그림 4〉 외과 질적 04 원인별 재발방지 사항 제안

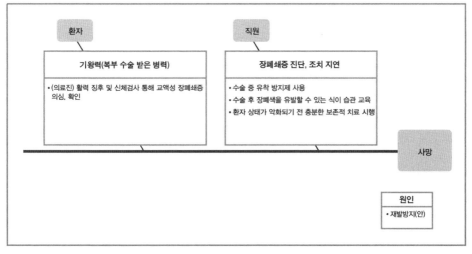

(1) 의료인의 행위에 대한 검토사항

환자에게 복부 수술을 받은 병력이 있을 경우 환자의 활력징후 및 신체검사를 통하여 수술 후 장폐쇄증의 발생에 대해 의심하고 주의를 기울여야 한다. 복부 수술 후에는 장폐쇄증이 발생할 수 있는 가능성이 있으므로 수술 중 유착방지제를 사용하고 수술 후에는 이를 유발할 수 있는 식이 습관에 대하여 교육하여 장폐쇄증의 발생을 예방할 수 있도록 한다. 또한 환자의 상태가 악화되기 전에 충분한 보존적 치료를 시행하여야 한다.

┃참고자료┃ 사건과 관련된 의학적 소견[3]

○ 장폐쇄증(Intestinal Obstruction)의 의의

장폐쇄증이란 장, 특히 소장이 부분적으로 또는 완전히 막혀 음식물, 소화액, 가스 등의 장 내용물이 통과하지 못하는 질환을 말한다. 기계적 원인으로 장이 막히는 경우(기계적 장폐쇄, mechanical obstruction)와 장의 운동이 중지되어 기능적으로 폐쇄되는 경우(마비적 장폐쇄, paralytic ileus)가 있다. 기계적 장폐쇄는 우선 장의 유착(adhesion)에 의해 나타날 수 있다. 장이 유착되면 움직일 때마다 장이 끌어당겨지기 때문에 통과 장애가 일어나는 것이다. 가장 흔하게는 수술 후 발생한 유착을 들 수 있는데, 소장 폐쇄(small bowel obstruction)의 60% 이상이 이러한 원인에 의해 발생한다. 정상적인 장의 일부가 꼬이는 장염전(volvulus)의 경우에 기계적 장폐쇄와 같은 증상을 보일 수 있다.

○ 장폐쇄증의 임상증상

기계적 장폐쇄로 인한 증상에는 쥐어짜는 듯한 극심한 복통, 오심과 구토, 복부팽만 등이 있는데 막힌 부위에 따라 증상에 조금씩 차이가 있으며, 이 가운데 복부팽만은 조금 늦게 나타나는 증상이다. 기계적 장폐쇄가 지속되면 장에서 정상적으로 수행해야 하는 소화 및 흡수 작용이 일어나지 못하기 때문에 수분과 전해질의 불균형이 나타나게 되고, 이로 인해 빈맥, 저혈압, 탈수 등의 증상이 나타난다. 또한 팽창된 장의 벽을 통해 장내의 세균과 유해 물질이 복강 내로 빠져나가거나, 장에 혈액 공급이 제대로 이루어지지 않는 허혈 상태로 빠져들 수 있고, 탈장 등에 의해 범발성 복막염 증상이 나타나기도 한다. 이런 경우에는 주로 열이 동반된다. 휴식기 없이 지속적으로 극심한 복통이 있을 때에는 교액(strangulation)이나 이를 동반한 복막염을 의심해야 한다.

○ 진단방법

환자의 대체적인 외관으로 환자의 상태평가가 가능하며, 병력 역시 장폐쇄를 진단하는데 매우 중요하다. 경련성 복통과 구토를 가진 모든 환자에서 특히 복부 수술력이 있을 때에는 반드시 장폐쇄를 의심해야 한다. 환자의 활력징후는 환자의 수액상태와 감염의 위험성을 알기 위해 중요한데 빈맥과 저혈압인 경우 즉각적으로 수액을 공급하고 열이 있는 경우에는 감염이나 장교액을 의심한다.

○ 공기-액체 음영(air-fluid level)

장폐쇄가 의심되는 환자는 단순 복부촬영으로도 장폐쇄의 유무, 폐쇄의 대략적 부위, 폐쇄의

---

3) 해당 내용은 판결문에 수록된 내용입니다.

성상, 폐쇄의 원인 등을 알 수 있다. 장폐쇄 환자는 일반적으로 장내에 대량의 가스가 있어 공기－액체 음영이 발견된다. 촬영상 막힌 부위의 위쪽 장관에서 증가된 공기 음영을 관찰할 수 있고, 막힌 부위 이하에는 정상적으로 보여야 할 공기 음영이 잘 보이지 않게 된다. 만약 대장보다 윗부분에서 폐쇄되었다면 정상적으로 보여서는 안 되는 소장 내의 가스가 관찰되고, 정상적으로 보여야 하는 대장 내의 가스는 아주 소량으로 관찰되거나 관찰되지 않는다. 단순방사선 촬영에서 공기－액체 음영과 확장된 소장이 보이면 항상 소장폐쇄를 진단하여야 한다.

○ **치료방법**

기계적 장폐쇄의 치료는 내과적 처치를 우선적으로 시행하고 증상의 호전이 없거나 종양 등으로 인한 폐쇄시에는 수술적 처치를 시행한다. 초기 치료로 가장 중요한 것은 적절한 수액 및 전해질 공급과 감압이다. 수액치료를 하면서 약물치료를 병행해야 하는데, 통증과 염증반응을 감소시키기 위한 소염진통제를 비롯하여 진경제, 항생제 등을 사용한다. 감압이란 팽창된 장의 압력을 감소시키는 처치를 말하는데, 장 내용물이 밑으로 내려가지 못하므로 위쪽으로 빼줘야 한다. 가장 일반적인 처치는 코를 통하여 위까지 기다란 관을 삽입하는 방법이며, 이 때 사용하는 관을 비위관 혹은 레빈튜브(Naso gastric tube, Levin 튜브)라고 한다. 비위관 삽입은 구토물이 폐로 흡인되는 것을 방지하고 수술 전 공기의 흡입으로 인한 불필요한 소장의 확장을 줄이는 데 의의가 있으며 소장은 긴 Miller－Abott tube를 써서 감압시킬 수 있다.

부분 장폐쇄 환자의 보존적 치료는 수액보충요법과 비위관 감압요법만으로 치료하며 60~80% 정도는 수술 없이 증상의 제거와 분비물의 제거를 할 수 있다. 대부분의 장폐쇄 환자에 있어서 비수술적 요법의 조기 시도가 효과적이지만, 임상적인 악화나 방사선 사진상 소장의 확장된 소견을 보일 때는 수술이 필요하다. 수술 직후나 유착으로 인한 장폐쇄증 환자는 수액과 감압요법만으로 치유될 수도 있으나 대부분의 환자는 폐쇄부위의 외과적 교정(수술)을 필요로 한다. 그러나, 수술을 필요로 하는 환자일지라도 수술시기를 정하는 데는 ① 폐쇄의 기간에 따라 변하는 체액이나 전해질, 산염기 평형의 변화 정도, ② 신장, 뇌, 폐 같은 중추기관의 기능장애유무, ③ 교액의 유무를 고려해야 한다.

단순성 기계적 장폐쇄증에서는 전신상태에 별 이상이 없는 24시간 이내에 수술을 하게 되면 경과가 좋으나, 24시간이 경과하고 교액이나 밀폐성 장폐쇄 등으로 팽만이 심하고 체액소실이 많고 장괴저 등이 생기게 되면 예후가 좋지 않다. 교액이나 밀폐성 장폐쇄 유무를 확인하는 좋은 방법은 따로 없으나 병의 경과 중에 환자가 갑자기 빈맥, 발열, 국소압통, 백혈구과다증 등이 단독 또는 병행하여 일어나면 교액의 병발을 생각하고 즉시 수술을 시행하여야 한다. 장폐쇄증은 일부분을 제외하고는 가능한 한 신속히 수술을 하는 것이 원칙이다.

판례 5. 간 공여자의 담낭 절제 이후 간 이식술 중단_서울서부지방법원 2009. 8. 26. 선고 2006가단88893 판결

1. 사건의 개요

환자는 A병원에서 간 초음파 및 CT촬영 결과 간이식술이 가능하다는 진단을 받고 피고 병원으로 간이식술을 시행받기 위해 피고 병원으로 전원되었다. 피고 병원에서 환자의 아들도 간 MRI을 시행받고 간 공여자로 적합하다는 결과를 받았다. 간이식술이 시작되어 먼저 공여자의 담낭 절제 및 간 실질 박리 후 수여자인 환자를 개복하였더니 간은 경화성 변화가 심하였고 간문맥 혈전이 전체로 있어 수술을 중단되었다. 약 한달 후 환자는 사망하였다[서울서부지방법원 2009. 8. 26. 선고 2006가단 88893 판결].

날짜	사건 개요
2003. 11. 27.	• 간경변 환자인 B는 A병원에서 간 초음파 및 CT 등 검사 시행 　= 간이식술 시행 가능 소견. 피고 병원에서 간이식술 시행하기로 함(환자 남자, 나이 미상)
2003. 12. 29.	• 피고 병원에서 원고 C에 대해 간 MRI 시행 　= 간 공여자로 적합하다는 결과 나옴
2004. 2. 12.	• 피고 병원에 입원
	• 흉부 방사선 촬영 및 혈구검사, 응고검사, 전해질, 혈액화학검사 및 소변검사, 각종 바이러스검사, 면역학 검사, 객담·소변·대변 균 배양 검사 등 시행
2004. 2. 19.	• 간이식술 시행 　= 공여자인 원고 C의 간 주변 인대 박리 후 간우엽의 동원을 시행. 담낭절제 시행 후 간 실질 박리 　= 수여자 B 개복. 간은 경화성 변화가 심하였고, 간문 박리 중 간동맥의 직경은 5mm 정도 커져있고 간문맥의 직경은 1cm 내외임. 딱딱하게 만져지는 부분이 있으며 혈류가 잘 만져지지 않아 간문맥 혈전이 의심됨 • 수술 중 초음파 촬영 시행 　= 간문맥 내부에 혈전 보임. 혈전은 원위 간문맥(간쪽)에서 근위 간문맥쪽으로 갈수록 심하였으며, 간문맥 혈전이 전체로 되어있음 • 보호자의 동의하에 수술 중단

날짜	사건 개요
2004. 2. 19.	• 수혜자의 간문맥 전폐색(portal vein total occlusion) 소견으로 공여자의 담낭 절제 후 수술 종료
2005. 3. 26.	• B 사망

2. 법원의 판단

가. 수술 전 간 초음파 및 CT촬영을 하지 않은 과실 여부: 법원 인정

(1) 원고 측 주장

수술 전에 먼저 철저한 정밀검사를 통해 간이식술 적합 여부를 확인한 후 시술해야 함에도 수술 전 환자에 대해 간 초음파 및 CT촬영을 하지 않은 과실로 수술 도중에야 환자의 간문맥 혈전을 발견하여 결국 수술을 중단하였다. 그 수술은 애초에 시작하지 말았어야 할 수술이었다.

(2) 의료인 측 주장

환자는 이전 병원인 A병원에서 간 초음파 및 CT촬영을 받았는데 그 영상이 우수하여 신뢰할 만하였고, 환자 측이 병원비를 걱정하면서 담당의사에게 A병원에서 검사를 시행하고 왔으니 다시 검사하지 말 것을 부탁하여 별도로 하지 않았다. 또한 수술 전 간 초음파 및 CT촬영으로 간문맥혈전을 모두 발견할 수는 없고, 환자에게 상당한 복부비만이 있어 간 초음파 및 CT촬영을 하더라도 혈전이 발견되었을 가능성이 낮았다. 그리고 간문맥혈전이 간이식술에서 절대적 금기사항은 아니어서 간문맥 혈전이 있다고 하여 간이식술이 불가능한 것은 아니다. 다만 간문맥혈전이 형성되어 간문맥이 좁아진 경우 간이식술을 진행하면 정상적인 환자에 비해 환자가 회복되지 못할 가능성이 있어 수술 도중 보호자에게 상황을 설명하고 의견을 물어 보호자가 수술 중단을 요청하여 수술을 중단하게 된 것이다.

(3) 법원 판단

간이식술 전 문맥의 구조적, 기능적 상태를 평가하는데 가장 필요한 간 초음파 및 CT촬영을 하여야 하는데, 다만 환자의 경우에 2개월 20여 일 전에 A병원에서 간 초음파 및 CT촬영을 하였다. 그 결과 간문맥혈전은 없지만 간문맥 혈류가 매우 약하였고 간문맥 고혈압의 2차 소견이 있었음을 알 수 있다. 환자와 같은 간경변환자의 경우 약한 간문맥 혈류와 간문맥 고혈압이 간문맥혈전의 발생 원인이 되고, 특히 문맥의 혈류가 약한 경우는 혈전의 발생 가능성이 더 크며 2개월 20여 일은 문맥 혈전이 발생될 가능성이 있는 기간이다. 따라서 피고 병원 의료진은 A병원의 검사 결과와 별도로 수술 전에 망인에 대하여 다시 간 초음파 및 CT촬영을 하여 간문맥 혈전 여부 등을 검사함으로써 간이식술의 적합 여부를 판단하여야 했다. 수술 전 환자에 대한 간 초음파 및 CT촬영으로 간문맥 혈전이 발견되었을 것으로 보이고, 혈전정도(간문맥 전폐색)에 비추어 환자에게 있어 생체 간을 이식받는 수술은 매우 어렵거나 불가능하였을 것으로 보여 피고의 과실이 인정된다. 또한 환자 측의 부탁으로 간 초음파 및 CT촬영을 하지 않았다는 피고의 주장을 인정할 증거가 없다.

나. 수술 전 담낭절제에 관한 설명의무 위반 여부: 법원 불인정

(1) 원고 측 주장

피고 병원 의료진은 공여자인 환자 아들에게 간 절제 수술을 하는 과정에서 담낭을 절제한다는 설명을 수술 이전에 할 의무가 있었음에도 이를 위반하였다.

(2) 법원 판단

피고 병원 의료진이 수술 전 공여자인 환자 아들 C에게 담낭절제에 관하여 설명을 하지 않은 사실은 인정하나 담낭절제는 간 공여 수술시 불가피한 것이고 이러한 담낭절제로 인하여 간 공여자에게 특별한 불이익이 없다. 따라서 이것은 공여자의 자기결정권이 문제되지 않는 사항으로 설명의무의 대상이 아니라고 판단할 수 있다.

3. 손해배상범위 및 책임제한

가. 손해배상책임 범위

(1) 청구금액: 87,059,170원

(2) 인용금액: 40,280,075원

　　- 기왕치료비: 18,403,170원

　－ 향후치료비: 2,876,906원
　－ 위자료: 19,000,000원

4. 사건 원인 분석

　의료진은 타 병원에서 행한 환자의 간 초음파 및 CT촬영 결과 간문맥 혈류가 매우 약하였고 간문맥 고혈압의 2차 소견이 있어 간문맥 혈전의 발생 가능성을 알 수 있었고, 검사 이후 약 2개월이 지난 후였기 때문에 수술 전에 다시 간 초음파 및 CT촬영을 시행하여야 함에도 이를 하지 않고 수술을 시행하여 수술을 도중에 중단하였다. 자문위원은 이식수술 중 이식이 불가능하다고 판명되는 경우는 수술 전 검사에서 확인되지 않은 전이된 암이 발견되는 경우와 본 사건과 같이 해부학적으로 이식이 어려워 중단되는 경우가 있을 수 있으나 흔한 경우는 아니라고 하였다. 간이식수술 시 공여자와 수혜자의 해부학적 구조를 정확하게 확인하는 것이 중요하며 특히 혈관상태를 확인하는 것이 중요하다고 하였다. 따라서 간이식 수술 전에 수혜자의 혈관 상태를 특히 간문맥의 상태를 파악하기 위하여 Angio CT 및 MRA를 시행하는 것이 좋다고 하였다. 본 사건에 대해서는 2개월 전의 영상검사를 근거로 간이식수술을 진행하는 것은 무리가 있었다고 보이며 수술 중이나 후에 발생할 수 있는 합병증에 대하여 미리 충분한 설명이 이루어져야 한다는 의견을 주었다. 특히 간 우엽 및 좌엽 절제술의 경우 담낭은 불가피하게 절제를 해야 하는데 수술 전 설명 시 담낭절제에 대한 부분을 누락하는 경우가 종종 있어 이 부분에 대한 의료진 교육이 필요할 것으로 생각된다고 하였다.

　또한 간이식술 시행 전 환자가 검사를 거부할 때는 꼭 필요한 검사의 경우 검사의 필요성 및 검사를 하지 않을 경우의 문제점 등을 충분히 설명하여 환자와 보호자를 이해시켜 검사를 받도록 해야 한다는 자문의견이 있었다(〈표 5〉 참조).

<표 5> 원인분석

분석의 수준	질문	조사결과
왜 일어났는가? (사건이 일어났을 때의 과정 또는 활동)	전체 과정에서 그 단계는 무엇인가?	− 수술 전 환자 사정 단계 − 수술 전 설명 단계
가장 근접한 요인은 무엇이었는가? (인적 요인, 시스템 요인)	어떤 인적 요인이 결과에 관련 있는가?	• 환자 측 − 심한 복부비만 − 수술 전 검사 거부 • 의료인 측 − 수술 전 설명 미흡 − 수술 전 검사 미시행(수술 중 이식수술이 불가능하다는 것을 확인)
	시스템은 어떻게 결과에 영향을 끼쳤는가?	

5. 재발방지 대책

원인별 재발방지 사항 제안은 〈그림 5〉와 같으며, 각 주체별 재발방지 대책은 아래와 같다.

〈그림 5〉 외과 질적 05 원인별 재발방지 사항 제안

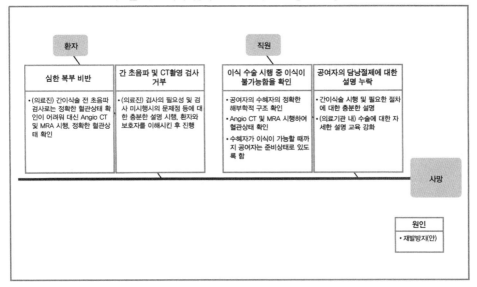

(1) 의료인의 행위에 대한 검토사항

심한 복부 비만 환자에게는 초음파검사로는 혈관 상태의 정확한 확인이 어려워 초음파검사 대신 Angio CT 및 MRA를 시행하여 혈관 상태를 파악하여야 한다. 환자가 수술 전 검사를 거부할 경우 검사의 필요성 및 검사를 시행하지 않을 경우 발생하는 문제점 등에 대하여 충분히 설명을 하여 검사를 받도록 해야 한다.

이식수술을 시행할 경우에는 수술 전 공여자와 수혜자의 정확한 해부학적 구조 및 혈관 상태를 확인하여야 하고, 수혜자가 이식이 가능할 때까지 공여자는 준비상태로 있도록 하여야 한다. 또한 수술 전에 수술에 필요한 절차에 대하여 충분히 설명해야 한다.

(2) 의료기관의 운영체제에 관한 검토사항

간 우엽 및 좌엽 절제술의 경우 담낭은 불가피하게 절제를 해야 하는데 수술 전 설명에서 누락되는 경우가 있다. 따라서 담낭절제에 대한 설명을 누락하지 않도록 의료진을 교육하는 것이 필요하다. 기타 수술에 대한 설명 과정에서 누락되는 부분이 없도록 의료진을 교육해야 한다.

적절한 처치 또는 처치 지연 관련 판례

적절한 처치 또는 처치 지연 관련 판례

판례 6. 결장절제술 및 회장루 형성술 수술 지체로 인한 환자의 지속적 식물인간 상태_대법원 2008. 10. 9. 선고 2008다49028 판결

1. 사건의 개요

환자는 복부팽만, 복부통증, 변비 등의 증상으로 피고병원 응급실을 통해 내원하여 마비성 장폐색, 및 변비로 진단받고 중환자실에 입원하였다. 의료진은 내과적 치료로 장내 변의 통과를 시도한 뒤 경과 호전이 없을 때 응급수술을 고려하기로 결정하였다. 이후 체온상승, 호흡곤란 증상 및 구토, 발한 등이 나타나기 시작해 응급수술로 전체 결장절제술 및 회장루 형성술을 시술하였다. 수술 당시 복부개복을 통하여 전 대장과 소장이 중하게 확장 및 변색되어 있었고, 회장 말단 부위에는 천공이 있었으며 복강 내에 농양이 형성되어 있다는 것을 관찰하였다. 수술 후 검사결과 저산소성 뇌손상이 있었음이 확인되었으며 이후 환자는 지속적 식물인간 상태이다[부산지방법원 2006. 9. 13. 선고 2004가합23816 판결, 부산고등법원 2008. 6. 12. 선고 2006나18686, 2007나20754(반소) 판결, 대법원 2008. 10. 9. 선고 2008다49028, 2008다49035(반소) 판결].

날짜	시간	사건 개요
2004. 6. 14.		• 변비와 복부통증 등의 증상으로 내원(환자 1983년생, 사건 당시 21세, 남자) • 진단: 변비, 분변막힘으로 인한 장폐색 • 입원: 결장내시경, 초음파 촬영 등의 검사 및 분변막힘에 대한 치료 시행
2004. 6. 19.		• 퇴원
2004. 9. 14.	14 : 30	• 복부팽만, 복부통증, 변비 등의 증상으로 피고병원 응급실 통해 내원 • 진단: 마비성 장폐색, 및 변비 • 복부 컴퓨터단층촬영, 비위관, 직장관 삽입 및 중환자실 입원
2004. 9. 15.	19 : 00	• 복부 통증 호소 • 트리돌(진통제) 1앰플 근육주사, 효과 없음
	19 : 35	• 데메롤(진통제) 25mg 근육주사, 통증 완화, 복부 팽만 경하게 지속, 의식 명료
	21 : 00 −	• 분당 100회 이상 빈맥
2004. 9. 16.	01 : 00	• 체온 38.4℃
	(시간 미기재)	• 복부컴퓨터단층 촬영 및 대장내시경 결과: 직장 상부부터 변이 덩어리를 이루어 막고 있어 80cm 정도 진행하고는 더 이상 진행이 되지 않고 있으며, 하행결장의 비장굴곡부 상부로 장의 팽창 소견 보임 • 진단: 마비성 장폐색 의증 및 대장 무력증 의증 • 치료: 우선 내과적 치료로 장내 변의 통과를 시도하고 경과의 호전이 없을 때 응급수술 고려 결정, 고열 조절을 위해 얼음주머니 찜질 지속, 가끔씩 있는 복부 압통 및 통증에 대해 트리돌 등의 진통제 투여 • 원고 부모 중환자실에서 일반외과로 옮겨 달라 요구 • 요구에 대한 피고 답변: 복부 통증 및 팽만 호전양상에 있고 아직 장내 변이 통과되지 않았으므로 관장 내지 락투로즈로 구강 투약하여 대변 통과되면 일반외과로 옮길 수 있다면서 다음날 아침에 그 전실여부를 결정하겠고 답변함
2004. 9. 17.	(시간 미기재)	• 경과 설명: 장내 변이 계속 통과되지 않고 있고, 이러한 상태가 지속되면 괴사가 생길 수 있으므로 결장절제술과 같은 수술이 필요한데, 활력징후가 안정되지 않을 경우 응급수술을 시행하겠고 원고들에게 설명함

날짜	시간	사건 개요
2004. 9. 17.	05 : 00	• 체온 38.8℃까지 상승 • 이후로는 37℃와 38℃ 사이를 오가며 상승과 하강 반복
	11 : 00	• 맥박 줄곧 분당 120~130회 정도 유지
	19 : 00	• 맥박 분당 150회 넘어가기 시작함
	21 : 25	• 호흡이 짧아지면서 산소포화도가 90%까지 떨어지는 등 호흡 곤란 증상 및 구토, 발한 등이 나타나기 시작함
2004. 9. 17.	22 : 30	• 의사소통은 가능하나, 호흡곤란 및 눕지 못하겠다는 내용의 호 소를 함
	23 : 00	• 복막염 진행에 따른 패혈성 쇼크로 혈압 50 이하 저하, 맥박수 가 분당 170~180회까지 상승, 의식상태가 저하되는 등 활력 징후가 확연히 불안정해졌음 • 산소포화도가 61~70%로 떨어지고 양쪽 다리에 경하게 청색 증이 나타남 • 응급조치: 기관 내 삽관을 통한 기도유지, 앰부배깅을 통한 산 소공급 및 승압제 등의 약물치료 시행 • 응급수술로 결장절제술 시행 결정 • 원고 보호자들에게 현재 상태로서는 결장절제술과 같은 응급 수술이 필요하고, 수술하더라도 사망할 가능성이 있다는 위험 성 등에 대하여 설명함
2004. 9. 18.	00 : 30	• 수술동의서 작성
	01 : 00	• 전체 결장절제술 및 회장루 형성술 시술 = 수술 당시 복부개복을 통하여 확인된 위 원고의 복부 내 상 태는 전 대장과 소장이 중하게 확장 및 변색되어 있었고, 회 장 말단 부위에는 천공이 있었으며 복강 내에 농양이 형성 되어 있기도 했음 = 수술 중에 위 원고의 혈압은 정상적이었으나 빈맥은 지속됨 = 수술 내용: 상태가 나쁜 종단회장에서 하행결장까지 절제하 고 나서 소장이 2m 60cm 남으므로 회장루 형성술 시행
	05 : 20	• 중환자실로 돌아옴 = 수술 후 원고의 의식상태는 반혼수였음
	05 : 30	• 심박동이 갑자기 45~60회로 떨어짐
	05 : 35	• 심정지

날짜	시간	사건 개요
2004. 9. 18.		• 심폐소생술 시행
	05 : 50	• 심전도 리듬이 돌아와 심박동과 혈압이 점차 회복되기 시작
	(시간 미기재)	• 의식상태는 계속 반혼수상태가 유지되어 의식을 전혀 되찾지 못하고 있는데, 그 후 뇌컴퓨터단층촬영과 뇌자기공명영상 검사결과 저산소성 뇌손상이 있었음을 확인
2006. 2. 6.		• 지속적 식물인간 상태 = 저산소성 뇌손상으로 인한 의식저하, 인지기능 및 사고 판단기능 상실, 언어장애, 연하장애, 사지마비, 배뇨, 배변 장애 등을 보이고 있을 뿐 아니라, 관절구축과 전신적 근위축이 동반되어 있고 위장내 및 기관 절개 상태로서 현재 각성은 가능하나 인식은 불가능한 상태가 장기간 지속됨

2. 법원의 판단

가. 수술 결정 지연 과실 여부: 법원 인정(제1심, 항소심, 상고심)

(1) 법원 판단

피고병원 의료진은 마비성 장폐색으로 입원한 환자의 활력징후, 통증 등 상태 변화를 잘 살펴서 혈압의 저하, 맥박수의 증가, 발열 등이 나타나면 수술적 치료가 필요한 시점인지 여부를 신속하게 판단, 결정하여야 함에도, 환자에게 중한 빈맥, 고열 상태 등이 상당 기간 지속되다가 복막염의 진행으로 인한 패혈성 쇼크가 발생할 때까지 신속한 수술 결정을 하지 못하여 환자로 하여금 심정지로 인한 저산소성 뇌손상에 이르게 한 과실이 인정된다.

3. 손해배상범위 및 책임제한

가. 의료인 측의 손해배상책임 범위: 40% 제한(제1심, 항소심, 상고심)

나. 제한 이유

① 의료진이 우선적으로 내과적 치료를 시작한 것은 나름대로 적절한 조치였

던 점

② 환자는 내원 당시 21세의 젊은 나이였으므로 피고 병원으로서는 대장 제거 시의 후유증(평생 회장루형성술을 하고 살아가야 하는 불편 및 각종 합병증 유발가능성 등) 내지 내과적 요법만으로 회복될 가능성 등을 고려하여 응급상황이 아닌 한 수술 결정에 신중할 수밖에 없었던 점

③ 빈맥이나 발열이 있다고 하여 반드시 복막염 등의 합병증이 있다고 단정할 수 없는 것이고, 종합적인 진찰소견, 이학적 소견 및 방사선학적 소견 등을 종합하여 그 여부를 판단하여야 하는 점

④ 숙변에 의한 장천공은 매우 드문 질환으로 사망률이 높아 예후가 불량한 점

⑤ 환자의 경우 내원 당시에도 이미 직장 상부부터 변이 덩어리를 이루어 막고 있어 80cm 정도 진행하고는 더 이상 진행이 되지 않고 있으며, 장이 심하게 팽창되어 있는 등 마비성 장폐색 및 대장 무력증 등이 상당히 심각한 상태에 있었고, 외과적 수술을 좀 더 빨리 시행하였다고 하더라도 복막염이나 장괴사와 같은 합병증의 발생을 막기 어려웠을 가능성도 배제할 수 없는 점

⑥ 적기에 수술이 시행되었더라도 원고에게는 회장루형성술 등으로 인한 노동능력상실이 불가피했던 점

다. 손해배상책임의 범위

(1) 제1심

① 청구금액: 574,875,884원

② 인용금액: 181,496,132원

- 총 156,496,132원(214,813,487원＋114,260,517원＋12,490,210원＋ 40,792,333원＋8,883,785원)×40%

= 일실수입: 214,813,487원

= 개호비: 114,260,517원

= 기지급 치료비 및 보조구 비용: 12,490,210원

= 향후치료비: 40,792,333원

= 향후 의료보조기구비용: 8,883,785원

- 위자료: 25,000,000원

(2) 항소심

① 청구금액: 574,875,884원(반소청구: 36,180,759원, 항소: 218,916,986원)

② 인용금액: 159,592,341원

   - 총 134,592,341원(214,813,487원＋72,469,370원＋17,301,290원＋
     26,485,216원＋5,411,490원)×40%

     = 일실수입: 214,813,487원

     = 개호비: 72,469,370원

     = 기지급 치료비 및 보조구 비용: 17,301,290원

     = 향후치료비: 26,485,216원

     = 향후 의료보조기구비용: 5,411,490원

   - 위자료: 25,000,000원

4. 사건 원인 분석

피고병원 의료진은 마비성 장폐색으로 입원한 환자의 활력징후, 통증 등 상태 변화를 잘 살펴서 혈압의 저하, 맥박수의 증가, 발열 등이 나타나면 수술적 치료가 필요한 시점인지 여부를 신속하게 판단, 결정하여야 함에도, 환자에게 중한 빈맥, 고열 상태 등이 상당 기간 지속되다가 복막염의 진행으로 인한 패혈성 쇼크가 발생할 때까지 신속한 수술 결정을 하지 못하여 심정지로 인한 저산소성 뇌손상에 이르게 하였다. 이러한 결과가 발생된 1차적 원인으로는 진료를 담당한 의료진의 신속 정확한 판단 능력 부족이라고 생각된다. 해당 의료기관의 경우는 의료진의 신속 정확한 판단 능력 향상을 위한 노력 등 이러한 사건을 발생시키지 않도록 하기 위한 제반 노력이 부족하였던 것으로 판단된다(〈표 6〉 참조).

〈표 6〉 원인분석

분석의 수준	질문	조사결과
왜 일어났는가? (사건이 일어났을 때의 과정 또는 활동)	전체 과정에서 그 단계는 무엇인가?	– 수술 전 환자 사정 단계
가장 근접한 요인은 무엇이었는가? (인적 요인, 시스템 요인)	어떤 인적 요인이 결과에 관련 있는가?	• 의료인 측 – 부적절한 환자 상태 파악(수술적 치료가 필요한 시점 인지에 대해 신속, 정확한 판단을 내리지 못하였음)
	시스템은 어떻게 결과에 영향을 끼쳤는가?	• 법·제도 – 중환자실의 환자 관리 미흡(환자 모니터링 미흡, 인 력 부족)

5. 재발방지 대책

원인별 재발방지 사항 제안은 〈그림 6〉과 같으며, 각 주체별 재발방지 대책은 아래와 같다.

〈그림 6〉 외과 질적 06 원인별 재발방지 사항

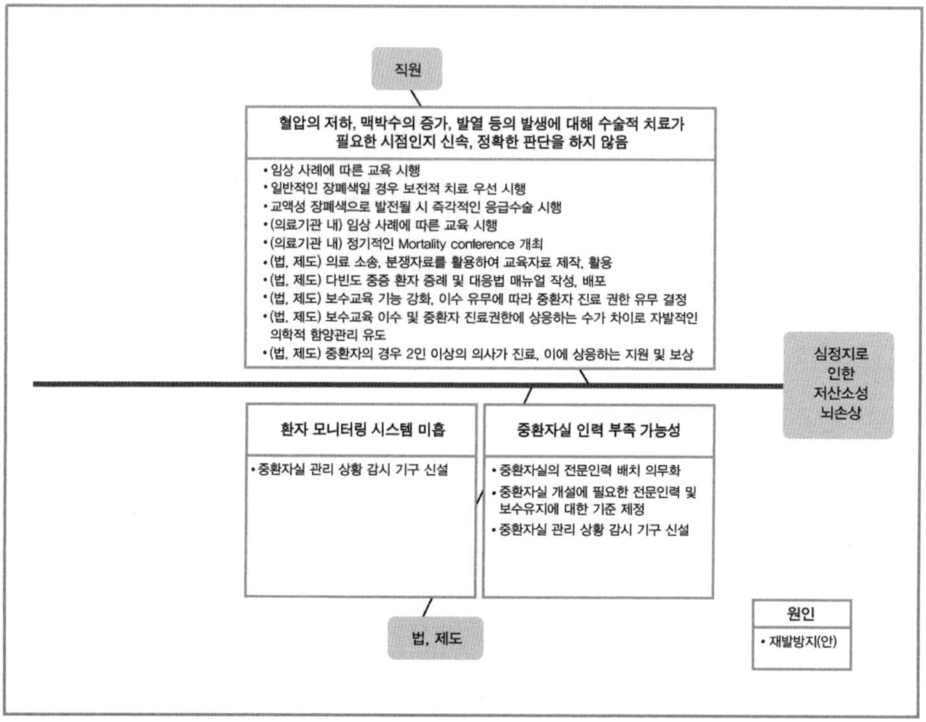

(1) 의료인의 행위에 대한 검토사항

환자에게 이상 증상이 보일 시 이에 대한 신속하고 정확한 파악과 조치를 하는 능력을 갖추고 있어야 한다. 이를 위해 의료인은 임상 사례에 따른 교육을 충실히 이수하여야 한다.

(2) 의료기관의 운영체제에 관한 검토사항

정기적인 사망원인검토회의(Mortality Conference)를 통해 논의할 만한 증례에 대해 토론하고 공유하여 환자의 이상 증상에 대해 의료인이 신속한 대응 능력을 갖추도록 해야 한다. 중환자의 경우 2인 이상의 의사가 진료하여 정확한 판단을 도모하도록 해야 한다.

(3) 학회·직능단체 차원의 검토사항

의료인의 능력을 향상시키기 위하여 의료소송, 분쟁 자료를 활용한 교육자료를 제작하고, 다빈도 중증 환자 증례 및 대응법에 대한 매뉴얼을 작성하여 각 의료기관에 배포하여야 한다.

(4) 국가·지방자치단체 차원의 검토사항

의료진의 판단 능력을 함양시키기 위해서 의사 직종별 연수강좌를 강화해야 한다. 보수교육 이수 유무에 따라 중환자 진료 권한 유무를 결정하고 이에 상응하는 수가 차이를 두어서 자발적인 노력을 유도해야 한다는 자문위원의 의견이 있었다. 중환자실의 적절한 환자 관리를 위하여 중환자실의 관리 상황을 감시하는 기구를 신설하고 환자의 모니터링 시스템에 대한 점검 및 감시를 하여야 한다. 중환자실의 전문인력 배치를 의무화하고, 중환자실 개설에 필요한 전문인력 및 보수 유지에 대한 기준을 제정하여야 한다.

▌참고자료 ▌ 사건과 관련된 의학적 소견1)

1. 마비성 장폐색

마비성 장폐색의 원인은 다양한데, 주로 과거의 복부수술, 췌장염, 복강 내 감염, 후복막공간의 출혈, 분변매복 등이 원인이 될 수 있다고 한다. 마비성 장폐색이 발생한 경우 환자에 대한 치료는 크게 보존적 요법과 수술적 요법의 두 가지로 나뉘는데, 우선 보존적 요법으로는 금식 및 수액요법, 비위관이나 직장관을 통한 장관 내 감압, 항생제 투여 등이 있고, 수술적 요법으로는 시험적 개복술 시행 후 장폐색 야기 부위 및 문제 부위를 제거하는 수술 등을 들 수 있다. 마비성 장폐색은 일반적으로 보존적 요법 내지 내과적 약물 치료로 호전될 수 있는바, 내과적 치료에 반응하지 않고 지속적인 장폐색을 보일 경우 수술적 치료를 고려하는 것이 일반적인 치료 경향이다. 수술적 치료가 필요한 상황의 예로서는 환자의 활력징후에서 혈압의 저하, 맥박수의 증가, 발열이 보이거나 복부의 이학적 검사상 복막염을 시사하는 증상이 있는 경우, 복부 단순촬영이나 복부 CT상 장의 괴사가 의심되는 경우 등이 있다. 마비성 장폐색이 치료되지 못하면 장괴사, 복막염, 패혈증 등을 초래할 수 있다.

2. 결장절제술과 회장루형성술

내과적 치료에도 불구하고 효과가 별로 없는 경우 수술적 요법인 장절제술을 고려하게 된다. 결장은 대장의 가운데 부분으로 맹장과 직장의 사이에 있고, 회장은 소장의 일부로서 대장의 맹장과 만나는 부위를 말한다. 따라서 대장 중에서 결장이 문제될 때 시술되는 결장절제술은 말 그대로 결장을 절제하는 수술이고, 회장루 형성술은 외과적으로 복벽에 누공을 만들어 그곳에 회장의 개구부를 만드는 수술을 의미한다. 이러한 결장절제술의 목적은 방치하였을 경우 발생할 장의 괴사 및 복막염을 막기 위한 것이다. 또한 회장루 형성술은 결장이 절제된 대부분의 환자에게 시술되는데, 그 결과 위개구부를 통해 회장유출물을 체외로 배출할 수 있게 하는 것이다.

---

1) 해당 내용은 판결문에 수록된 내용입니다.

판례 7. 급성충수돌기염 수술 후 감염에 의한 노동 및 성기능 장애 발생_서울고등법원 2005. 10. 27. 선고 2005나11840 판결

1. 사건의 개요

환자는 다른 병원에서 급성충수돌기염을 진단받고 피고병원에 내원하여 급성충수돌기염 수술을 받았다. 수술 직후부터 하복부 통증을 호소하여 진통제를 처방받았으며 통증이 가라앉자 의사의 만류에도 불구하고 퇴원하였다. 퇴원 후 다시 극심한 하복부 통증으로 응급실에 내원하였으며 검사결과 괴사성 근막염을 진단받고 타병원으로 전원되었다. 타병원에서 괴사성 근막염에 의한 패혈증 상태로 진단받고 변연절제술 및 고환적출술 시술을 받았다. 소송 당시 환자는 노동 장애가 예상되고 성교불능 및 발기부전이 후유증으로 남게 된 상태이다[수원지방법원 2004. 12. 24. 선고 2003가합7558 판결, 서울고등법원 2005. 10. 27. 선고 2005나11840 판결].

날짜	시간	사건 개요
2002. 6. 29.	21 : 00	• 하복부 통증으로 A병원 내원(환자 남자, 1962. 2. 21. 생, 사고 당시 40세) = 진단: 급성충수돌기염 = 수술할 의사가 없어 피고병원 전원 권고
	21 : 30	• 피고병원 응급실 내원 • 내과적 검진, 혈액검사 등 실시 후 급성충수돌기염 진단
2002. 6. 30.	23 : 30 ~ 00 : 15	• 수술 시행 = 수술 소견상 충수는 우측 대장 옆과 복막 사이에 거꾸로 길게 위치해 있었고 염증이 있었으나 천공되지는 않은 상태였음
	시간 미기재	• 항생제를 투여하고 수술 부위를 소독하는 등의 처치를 하면서 회복 과정 관찰
	00 : 25	• 활력증후: 혈압 160/90mmHg, 맥박 82회/분, 체온 36.8℃ • 수술 직후부터 하복부 통증 호소 = 해열진통제인 로페낙 1앰플 근육주사로 투여
	시간 미기재	• 지속적 하복부 통증 호소

날짜	시간	사건 개요
2002. 7. 1.	17 : 00	• 진통제인 트리돌 1앰플 근육주사
2002. 7. 2.	21 : 00	• 극심한 하복부 통증 및 두통을 호소 = 진통제인 폰탈 1정 투여
	22 : 00	• 체온 38℃로 상승 = 해열진통제인 로페낙 1앰플 근육주사로 투여
2002. 7. 3.	시간 미기재	• 지속적인 하복부 통증 호소
	22 : 00	• 체온 37.2℃
2002. 7. 4.	오전	• 하복부 통증 가라앉자 퇴원 요청 = 피고의사는 하루 내지 이틀 정도 경과를 더 지켜본 후 퇴원하는 것이 좋겠다고 하였으나 원고의 거듭 퇴원 요청으로 퇴원시킴
2002. 7. 5.	20 : 00	• 극심한 하복부 통증으로 응급실 내원 = 수술 봉합부위를 포함하여 하복부와 옆구리, 고환 부위에 발적 및 부종 발생, 압통 존재, 체온 상승(하루 전부터 발적 및 부종 악화 호소) = 금식, 상처부위 배액, 혈액검사 등 실시, 3종류의 항생제(ceftezol, GM, flagyl) 투여, 해열진통제인 로페낙(lopenac) 1앰플 근육주사로 투여 = 혈액검사 결과: 백혈구 수치 14,700개/$\mu\ell$(참고치 상회 확인)
	21 : 30	• 일반 병실 입원 = 입원처방지 기록된 예상 병명: 장폐색증, 봉와직염
	22 : 00	• 체온 39℃ 확인 = 로페낙 1앰플 금육주사
2002. 7. 6.	02 : 00	• 체온 37.4℃ 확인 = 설사 1회
	03 : 20	• 복통 호소 = 진통제 주사
	09 : 00	• 복부 CT촬영 결과: 우측 옆구리에서 서혜부로 이어지는 함몰부위(both gutter)와 음낭(scrotum)의 염증 등, 괴사성 근막염 진단
	12 : 00	• 타병원으로 전원 = 전원 될 당시 근막염에 의해 혈압은 90/60mmHg으로 떨어지고 맥박은 110회/분까지 증가하는 등 패혈증 증세 보임

날짜	시간	사건 개요
2002. 7. 6		= 원인제거를 위해 응급배농술 실시
		= 세균검사 및 혈액배양검사 결과 괴사성 근막염에 의한 패혈증 상태로 진단
	16 : 00	• 변연절제술 및 고환적출술 실시
2002. 12. 2.		• 1회에 걸쳐 변연절제술 및 부분층 피부이식술 추가 실시
(소송 당시 상태)		• 우측 흉부·복부·서혜부 전층의 복합 피판의 괴사(전층의 피부, 피부 하부의 지방, 복부근육층이 모두 괴사한 상태이다) 후 치유상태로서, 우측 하퇴부 전역과 좌측 하퇴부 1/2 부분층에 피부이식 공여부 흉터가 남아 있고, 이로 인하여 복부근육을 필요로 하는 노동에 있어 장애가 예상되고 향후 개선의 가능성이 전혀 없는 상태이며, 또한 우측 고환의 적출 상태로서, 이로 인하여 성교불능 및 발기부전이 후유증으로 남게 된 상태임

2. 법원의 판단

가. 필요한 조치를 지체한 과실 여부: 법원 인정(제1심, 항소심)

(1) 법원 판단

재입원하였을 당시 환자가 괴사성 근막염 증세를 보여 지체 없이 항생화학요법과 함께 광범위한 변연절제술 등을 시행하여야 함에도 불구하고 다음 날 전원시까지 필요 조치를 취하지 않아 증세를 더욱 악화시켜 현재의 장애에 이르게 한 과실이 의료진에게 있다.

나. 수술 범위 선택 오류의 과실 여부: 법원 불인정(제1심, 항소심)

(1) 환자 측 주장

복강경을 통한 충수절제술에 대한 설명을 환자 측에 실시하지 않고 개복의 방법으로 수술한 과실이 있다.

(2) 법원 판단

복강경을 통한 충수절제술은 고가의 장비를 필요로 하고 장시간의 수술시간과

높은 수술비가 소요된다. 또한 환자는 과체중 상태였고 예방적 항생제에 이상 반응을 나타내는 등 장시간의 수술을 요하는 복강경 수술을 할 경우 폐색전증 등의 위험이 있어 의료진은 개복을 통한 충수절제술을 실시하였다.

다. 경과 관찰을 소홀히 하여 감염 진단이 지연된 과실 여부: 법원 인정(제1심) → 법원 불인정(항소심)

(1) 환자 측 주장

환자의 하복부 통증 호소, 발열 증세, 붉은 설사 등을 볼 때 수술부위 감염이 있음을 예상할 수 있었음에도 의료진은 경과 관찰을 제대로 하지 않아 수술부위 감염을 조기 발견하지 못하였다.

(2) 법원 판단

수술 후 의료진은 복통을 호소하는 환자에게 진통제 투여만을 하였을 뿐 이학적 검진 등 경과관찰을 제대로 하지 않은 채 환자를 퇴원시켜 환자가 창상감염으로 인한 괴사성 근막염에 이르게 하였다(제1심).

의료진은 상처부위를 매일 1회 이상 소독하면서 수술부위를 관찰하였으며 퇴원 당시까지는 수술부위 염증이 확인 되지 않았으므로 환자 측 주장은 받아들이지 않는다.(항소심)

라. 퇴원 사정을 소홀히 한 과실 여부: 법원 불인정(항소심)

(1) 원고 주장

의료진은 퇴원 당시 환자의 수술부위에 대해 확인하지 않았다.

(2) 법원 판단

2002. 7. 4. 10 : 00경 수술부위 소독 실시와 함께 수술부위를 확인한 사실이 인정된다.

마. 설명의무 위반 여부: 법원 불인정(항소심)

(1) 환자 측 주장

퇴원 당시 수술 감염부위에 대한 증상이나 퇴원 후 주의사항에 대해 상세하게 설명하지 않았다.

(2) 법원 판단

환자 측의 주장을 인정할 증거가 없으며, 설명의무 위반과 환자 측의 손해 사이에 인과관계가 있다는 점에 대한 주장 및 입증이 없다.

3. 손해배상범위 및 책임제한

가. 의료인 측의 손해배상책임 범위: 50% 제한(제1심) → 30% 제한(항소심)

나. 제한 이유

(1) 환자의 괴사성 근막염은 발병 초기에 피부 소견이 특이하지 않을 뿐 아니라 급속히 진전되어 피고 병원의 의사로서는 이를 쉽사리 예측하기는 어려운 점(제1심, 항소심)

(2) 환자가 담당 의사의 만류에도 불구하고 피고 병원을 퇴원함으로써 괴사성 근막염의 발견 및 처치가 늦어졌고, 이로 인하여 환자의 상태가 더욱 악화된 점(제1심, 항소심)

(3) 환자가 증상이 나타난 후 하루가 지난 후에 피고 병원에 내원한 점(항소심)

다. 손해배상책임의 범위

(1) 제1심

① 청구금액: 349,363,741원

② 인용금액: 116,430,720원

　　－ 총 101,430,720원

　　　＝ 일실수입: 164,917,365원×50%

= 기왕치료비: 23,806,943원×50%

= 향후치료비: 14,137,133원×50%

− 위자료: 15,000,000원

(2) 항소심

① 청구금액: 349,363,741원

② 인용금액: 101,430,720원

− 총 73,714,020

= 일실수입: 194,063,556원×30%

= 치료비: 23,347,430원×30%

= 향후치료비: 28,302,417원×30%

− 위자료: 23,000,000원

4. 사건 원인 분석

이 사건과 관련된 문제점 및 원인을 분석해본 결과는 다음과 같다. 첫째, 환자가 지속적으로 통증을 호소하였음에도 의료진은 진통제 투여만을 하였을 뿐 이학적 검진 등 경과관찰을 제대로 하지 않은 채 환자를 퇴원시켰다. 자문위원은 환자가 호소하는 증상이 환자의 주관적인 증상인지, 추가적인 검사 혹은 조치가 필요한 증상인지를 환자를 직접 진찰하여 판단하는 것이 반드시 필요한데 본 사건은 이 부분이 부족했던 것으로 생각된다고 하였다.

둘째, 재입원 당시 환자가 괴사성 근막염 증세를 보여 지체 없이 항생화학요법과 함께 광범위한 변연절제술 등을 시행하여야 함에도 불구하고 다음 날 전원시까지 필요 조치를 취하지 않아 증세를 더욱 악화시켰다. 수술 후 지속적으로 발생한 발열 및 통증과 응급실 내원을 볼 때 더 적극적인 진찰과 검사 시행을 통해 항생제 치료 내지는 수술적 배농 혹은 절제를 고려했어야 한다는 자문의견이 있었다.

셋째, 환자가 재입원을 한 다음날인 2002. 7. 6. 3 : 20에 복통을 호소하여 진통제를 주사하였는데, 이 당시 환자 상태에 대하여 제대로 보고가 이루어지지 않은 것은 아닌 지, 또는 환자 상태를 제대로 확인하지 않은 것은 아닌 지 의심되며, 9 : 00

에 복부 CT를 촬영하고 괴사성 근막염을 진단하였는데 진단 시기가 늦은 것은 아닌지 의심된다.

넷째, 사건 발생에 있어 환자도 영향을 미쳤다고 판단된다. 2002. 7. 4. 퇴원 시 의사가 하루 내지 이틀 정도 경과 관찰 후 퇴원을 권고함에도 거듭 퇴원을 요청하여 퇴원하였으며, 2000. 7. 5. 20 : 00에 응급실에 내원하여 하루 전부터 발적 및 부종 악화가 있었음을 호소하였다. 이렇게 이상 증상이 발생하였을 때, 즉시 병원에 내원하지 않고 하루 지나 내원한 부분도 사건에 영향을 미쳤을 것이라 생각된다(〈표 7〉 참조).

〈표 7〉 원인분석

분석의 수준	질문	조사결과
왜 일어났는가? (사건이 일어났을 때의 과정 또는 활동)	전체 과정에서 그 단계는 무엇인가?	- 수술 방법 선택 - 수술 전 설명 단계
가장 근접한 요인은 무엇이었는가? (인적 요인, 시스템 요인)	어떤 인적 요인이 결과에 관련 있는가?	• 환자 측 - 퇴원 요청(퇴원할 수 없는 상태 임에도 퇴원을 요 청함) • 의료인 측 - 수술 방법 선택 - 수술 전 설명 미흡
	시스템은 어떻게 결과에 영향을 끼쳤는가?	• 의료기관 내 - 수술 전 설명 과정 관련 현황 파악 및 교육 미흡 • 법·제도 - 설명 관련 자료 부족

5. 재발방지 대책

원인별 재발방지 사항 제안은 〈그림 7〉과 같으며, 각 주체별 재발방지 대책은 아래와 같다.

〈그림 7〉 외과 질적 07 원인별 재발방지 사항 제안

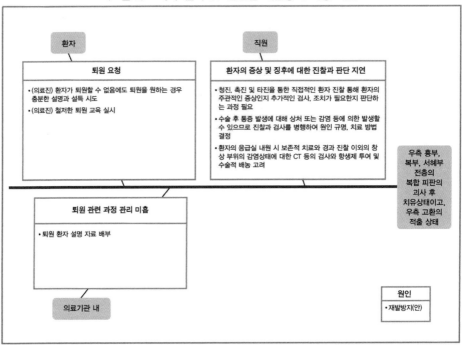

(1) 의료인의 행위에 대한 검토사항

환자가 퇴원할 수 없는 상태임에도 퇴원을 요청하는 경우 퇴원을 하지 말아야 하는 이유에 대해 충분히 설명하고 설득하여야 한다. 또한 퇴원 후 즉시 내원해야 하는 경우 등에 대한 퇴원 교육을 철저하게 하여야 한다.

환자가 통증호소 등의 증상을 보일 때 의사가 직접 환자를 관찰하고 진찰하여 환자의 증상이 주관적인 증상인지 추가적인 조치가 필요한 증상인지 판단하여야 한다. 또한 수술 후 통증의 원인 규명을 위한 검사와 진찰을 시행하여 적절한 치료방법을 결정하여야 하며 환자가 감염 증상을 보일 시에는 CT 검사 등과 항생제 투여 및

수술적 배농을 고려하여야 한다.

(2) 의료기관의 운영체제에 관한 검토사항

환자에게 적절한 퇴원 사정이 이루어질 수 있도록 퇴원 환자에게 시행하여야 할 설명에 대한 자료를 제작하고 배부하여야 한다.

▌참고자료▌ 사건과 관련된 의학적 소견[2]

1. 충수돌기염

충수돌기(대장의 우측 최첨단부인 맹장으로부터 아래로 늘어져 있는 장기 부분이다)에 염증성 변화가 생긴 경우를 말한다. 이 경우 충수돌기를 절제하는 방법으로 치료를 한다. 충수절제술의 합병증으로는 창상감염이 가장 많고, 폐렴(pneumonia), 골반 및 횡경막하 농양(pelvic and subphrenic abscess), 분루(fecal fistula), 신우신염(pyelonephritis), 장폐쇄증(intestinal obstruction) 등이 있는데, 충수돌기절제술 후 창상감염이 있으면 그 부위에 동통이 있으면서 부종과 발열 현상이 나타난다. 이때는 지체 없이 창상을 열어서 배농시켜야 한다.

2. 괴사성 근막염

수술이나 외상에 의한 창상 감염이나 직장 주위 농양 등이 피하 연부조직과 근막에 괴사를 초래하면서 피부나 근육의 괴사는 없이 근막층을 따라 인근 주위 연부조직에 급속히 파급되어 광범위한 괴사를 유발하게 되는 질환을 말한다. 괴사성 근막염의 초기의 임상 증상 및 이학적 소견은 피부에 압통, 부종, 발적 등 국소적 봉와직염의 양상을 나타내나 근막을 따라 급속히 진행하여 피부 변색이나 수포 형성, 감각 이상, 고열, 패혈성 쇼크, 의식 혼돈이 나타날 수 있다. 괴사성 근막염의 발생원인은 외상성 창상의 감염이나 항문 주위 농양에 의한 경우가 대부분이며, 근육의 조직 생검, 피하지방층의 약물 주사, 발치 등에 의해서도 발병할 수 있다. 괴사성 근막염은 이학적 검사 소견상 피부 소견이 특이하지 않아 발병 초기에 진단이 용이하지 않고 근막염의 파급은 매우 급속히 진행되므로 당뇨병, 동맥경화증, 영양실조, 만성 알콜 중독증 등의 질환이 동반되어 있을 경우 치명적일 수 있다. 따라서 창상이나 직장 주위 농양, 피부 궤양 등이 괴사성 근막염으로 진행되지 않도록 예방하는 것이 최선책이라고 할 수 있다. 일단 괴사성 근막염이 의심되면 고단위 광범위 항생화학요법과 병행하여 주저하지 말고 환자의 상태가 허락하는 한 광범위한 변연절제와 절개 및 배액술을 시행하여야 한다.

---

2) 해당 내용은 판결문에 수록된 내용입니다.

판례 8. 하지 정맥류에 대한 경화요법 시행 후 발생한 하퇴부 근위축 등의 장애 발생_서울동부지방법원 2006. 4. 7. 선고 2005가합 5933 판결

1. 사건의 개요

환자는 양쪽 하지의 통증과 부종으로 피고병원에 내원하여 하지 정맥류 진단을 받았다. 이후 입원하여 왼쪽 하지에 정맥류 제거술 등을, 오른쪽 하지에 경화요법 및 정맥류 제거술 등을 시술받았다. 수술 후 환자는 오른쪽 하지에 심한 통증을 느끼고 운동성이 제한되며 발목 관절의 체온 저하를 보였고 응급 검사 시행 결과 혈전으로 인한 급성 동맥폐쇄 진단을 받아 혈전을 제거하는 수술을 받았다. 수술 이후 병원에 입원한 채 오른쪽 하지에 대한 재활치료 및 약물치료를 계속 하였으나 끝내 통증과 경직이 완전히 회복되지 않은 상태에서 퇴원하였다. 하지만 오른쪽 발목의 마비 증세가 악화되자 두 달 후 피고병원에 재입원하여 오른쪽 하지에 대한 재수술을 받았다. 퇴원 후 다른 병원에서 검사하여 우측 전경근 등의 뚜렷한 약화와 우측 하퇴부의 근위축 소견 등이 관찰된다는 장해 진단을 받았다[서울동부지방법원 2006. 4. 7. 선고 2005가합5933 판결].

날짜	시간	사건 개요
2003. 7. 1.		• 양쪽 하지의 통증과 함께 부어오른 증상으로 내과 진료(환자: 여자, 1969년생) = 정맥의 기타 장애 진단, 큰 병원의 정밀진단을 받을 것을 조언, 진료의뢰서 작성, 교부
2003. 7. 2.		• 피고 병원 내원 = 하지 정맥류 진단. 원고에게 같은 질병의 병태생리와 발생기전, 수술, 기타 치료방법 등에 관한 설명. 제거수술 권유
2003. 7. 9.		• 수술 위해 병원 입원 • 원고의 남편을 통해 피고로부터 다시 수술에 따른 합병증이나 후유증으로 부종, 혈전증 등이 나타날 수 있고 재발의 위험도 있다는 취지의 설명을 들은 후 수술 동의

날짜	시간	사건 개요
2003. 7. 10.		• 왼쪽 하지에 대복재정맥과 소복재정맥의 제거술 및 정맥류 제거술 시행 • 오른쪽 하지에 대복재정맥 결찰술과 경화요법 및 정맥류 제거술 시행 (1차 수술) • 1차 수술 직후 오른쪽 하지 심한 통증. 오른쪽 하지와 오른쪽 발목 관절의 운동성 제한. 오른쪽 발목 관절의 체온 저하 증상 • 응급 검사 시행 결과 = 오른쪽 하지의 동맥 혈관 내에 혈전으로 인한 급성 동맥폐쇄 발생 확인
2003. 7. 11.	01 : 00	• 약 3시간 동안 수축된 동맥을 개방하여 혈전 제거 수술 시행 (2차 수술)
2003. 7. 19. 2003. 8. 13. 2003. 8. 25.		• 세 차례에 걸쳐 오른쪽 하지의 피부 괴사와 건막염에 대한 성형 수술 시행
2003. 9. 8.		• 최종진단: 양하지 정맥류, 우측 심부 대퇴동맥 급성 혈전성 폐쇄, 우측 하지 재관류 손상(의증), 우측 하지 부분적 피부괴사 및 부종, 우측 하지 부분적 건막염(의증)
2003. 9. 9.		• 수술 이후 병원에 입원한 채 오른쪽 하지에 대한 재활치료 및 약물치료를 계속 하였으나 끝내 통증과 경직이 완전히 회복되지 않은 상태에서 퇴원
2003. 11. 7.		• 퇴원 이후 통원치료 계속 하였으나 오른쪽 다리의 통증, 경직이 심해지고 변색이 짙어지고 오른쪽 발목의 마비 증세가 악화되자 피고 병원에 재입원 • 오른쪽 하지에 대한 재수술 시행
2003. 12. 27.		• 퇴원
2003. 12. 28. — 2004. 4. 29.경		• 통원치료(피고 법인은 2004. 2. 5 – 2004. 4. 29경 치료비를 받지 않음)
2004. 5.초		• A학교 병원에서 재진단 결과 = 우측 심부 비골신경 손상, 우측 복재 신경병증으로 우측 전경근, 우측 족무지 신건, 우측 족지 신건의 뚜렷한 약화 소견과 우측 원위 대퇴부와 우측 하퇴부의 근위축 소견이 관찰된다는 장해 진단

날짜	시간	사건 개요
2005. 3. 15.		• A학교 의과대학 부속병원에서 신체감정을 위한 이학적 검사, 근전도 검사, 혈관 전산화단층 촬영술 실시 결과 = '동맥 폐색으로 보행 시 오른쪽 장딴지 근육의 동통이 있고, 족관절 강직으로 인하여 보행 시 발 앞꿈치로만 체중을 실을 수 있으며, 오른쪽 장딴지 앞쪽의 감각이 둔해져 있는 상태이다. 현재 정맥류 증상은 없고, 이 사건 1차 수술시 손상에 의하여 위와 같은 증세가 발생된 것으로 판단되며 기왕증은 없었다. 그 밖에 원고의 오른쪽 대퇴부 내측부에 16cm, 오른쪽 경골 내측부에 7cm 가량의 반흔이 있다'는 취지의 감정결과를 밝힘

2. 법원의 판단

가. 경화제 투여 누출에 대한 과실 여부: 법원 인정

(1) 원고 측 주장

2003. 7. 10.에 실시한 경화요법에서 투여한 경화제가 정맥혈관 밖으로 누출되지 말아야 하는데 피고병원 의사는 경화제를 투여함에 있어 필요한 주의의무를 다하지 않아 경화제를 원고의 동맥 혈관에 투여하였거나 아니면 정맥 혈관에 투여하기는 하였으나 정맥혈관 밖으로 누출되게 하여 오른쪽 하지의 대퇴동맥 폐쇄가 일어났고 구획증후군이 발생하여 후유증이 나타났다.

(2) 피고 측 주장

만일 경화제가 정맥혈관의 외부조직으로 누출되었다면 오른쪽 대퇴부에 대한 경화요법 시술 후 오른쪽 하지를 수술하는 동안 대퇴부에 분포하는 동맥혈관 내로 경화제가 퍼져나가 대퇴부 전부 혹은 부분적인 피부괴사 등이 발생하여야 하지만 1차 수술 종료 시까지 병변이 발생하지 않았다. 환자는 정맥류를 10년 이상 앓아 온 만성 질환의 병력자로서 만성적인 정맥 고혈압 상태가 지속되어 1차 수술 이전에 이미 동맥과 정맥간의 비정상적 교통로가 형성되었을 가능성이 매우 큰 상태였음을 감안한다면 1차 수술 당시 경화제는 정맥에 정확히 투여되었지만 경화제의 일부가 환자에게 이미 형성되어있던 동맥과 정맥 간의 비정상적 교통로를 통해 대퇴동맥과 그 분지 및 하지까지 영향을 미쳐 혈관수축을 유발하였다고 보며 또한 일반적으로 실시하고 있는 검사방법으로 환자에게 위와 같은 동맥과 정맥 간의 비정상의 교통로가 형성되어있는지 확인할 수 없는 실정이다.

(3) 법원 판단

사건 후유증이 1차 수술 및 그로부터 약 6시간 후에 있은 급성 동맥 폐쇄에 대한 2차 수술 직후에 발생하여 1, 2차 수술 이외에는 다른 원인이 개재하였을 가능성이 거의 없을 뿐 아니라 그 발생 부위 또한 오른쪽 하지로 경화제를 주입한 대퇴부와 연관된 곳인 점, 정맥류 수술은 비교적 간단한 수술로 직접적 후유증이 별로 없고 경화요법에 의한 합병증 또한 발생 빈도는 높지 않으며 환자는 똑같이 양쪽 하지에 대한 정맥류 수술을 받았는데 경화요법까지 시행한 오른쪽 하지의 경우에만 이 사건 후유증이 나타난 점, 수술 전 검사에 이상 징후가 발견되지 않았고 특이체질을 갖고 있었다는 어떠한 자료도 없는 점을 통하여 이 사건 후유증은 오른쪽 대퇴동맥의 급성폐쇄에 의한 구획증후군으로 인한 것으로 이러한 동맥의 급성 폐쇄는 1차 수술 당시 피고가 오른쪽 대퇴부의 정맥 혈관에 경화제를 주입함에 있어 그 일부가 정맥혈관 밖으로 누출되게 하였거나 혹은 동맥 혈관에 주입한 과실에 의하여 초래된 것이라 보인다.

정맥으로부터 동맥으로의 자유로운 혈액 흐름이 더욱 용이해지는 것은 어디까지나 경화요법 시행 이후 나타나는 합병증의 유발경로 내지 원인의 하나를 제시하는 이론에 불과하며 환자에게 비정상적 교통로가 형성되어 있다거나 만성적 정맥 고혈압 상태였다는 자료도 없다.

나. 설명의무 위반: 법원 불인정

(1) 원고 측 주장

1차 수술 이전에 정맥류 수술은 3시간 정도 소요되는 간단한 수술로 수술 후 2박 3일 정도만 입원치료를 받게 되면 별다른 통증 없이 정상적인 생활이 가능하다고만 하였을 뿐, 수술의 합병증이나 후유증에 대한 별다른 설명을 하지 않았다.

(2) 법원 판단

환자 측의 주장을 인정할 만한 뚜렷한 증거가 없고 의료진이 환자에게 수술을 권유하는 과정에서 이미 정맥류의 병태생리와 발생기전, 수술, 기타 치료방법 등에 관하여 간략한 설명을 하였을 뿐 아니라, 1차 수술 날에 환자의 남편을 통해 수술의 합병증 내지 후유증으로서 부종, 혈전증 등이 나타날 수 있고, 재발의 위험도 있다는 취지의 설명을 충분히 한 다음 수술 동의서까지 교부받았음이 인정된다. 또한 수술이나 경화요법 시술의 금기가 있는지에 관한 일반적 검사를 실시하였으나 별다른 이상 징후가 발견되지 않은 점, 경화요법에 의한 합병증으로 동맥폐쇄는 발생가능성이 매우 낮은 점, 일반적인 후유증이 아니라 경화제 주입과정상의 과실에 의하여 발생한 급성 동맥폐쇄로 인한 것으로 판단되는 점 등을 감안하면 사건 후유증이 설명의무의 대상이라거나 설명누락이 환자의 자기결정권을 침해한 것으로 보기 어렵다.

3. 손해배상범위 및 책임제한

가. 의료인 측 손해배상책임 범위: 80% 제한

나. 제한 이유

① 환자에게 오랜 기간 동안 양쪽 하지 정맥류가 있어 건강한 다른 사람에 비해 경화제의 주입과 같은 외부의 똑같은 자극에도 보다 민감하게 반응하여 더욱 쉽게 손상을 입거나 후유증이 있을 수 있다는 점

② 후유증의 원인으로 추정되는 동맥폐쇄가 비록 그 발생빈도는 높지 않으나 경화요법에 의해 통상 예상되는 후유증의 하나로 알려져 있는 점

③ 그 밖에 의학 자체의 불완전성, 미 해명성 등에 비추어 이 사건 후유증이 기질적 요인 등에 의해 환자에게 이미 형성되어있던 동맥과 정맥 간의 비정상적 교통로를 통해 정맥에 정상 주입된 경화제가 동맥으로 흘러 들어가 발생하였을 가능성을 완전히 배제할 수는 없는 점

다. 손해배상책임의 범위

(1) 청구금액: 154,628,137원

(2) 인용금액: 109,588,124원(89,588,124원+20,000,000원)

　　－ 손해배상액: 89,588,124원(94,784,794원+17,200,361원)×0.8))

　　　＝ 일실수입: 94,784,794원

　　　＝ 치 료 비: 17,200,361원

　　－ 위 자 료: 20,000,000원

4. 사건 원인 분석

환자가 경화요법을 포함한 1차 수술 직후 오른쪽 하지에 심한 통증을 느끼는 등의 증상을 보이고 혈전이 생겨 급성 동맥폐쇄가 발생한 것으로 보아 수술 과정 중 경화요법으로 인해 이상 증상이 발생한 것으로 보인다. 보통은 정맥 내에 경화제가 들

〈표 8〉 원인분석

분석의 수준	질문	조사결과
왜 일어났는가? (사건이 일어났을 때의 과정 또는 활동)	전체 과정에서 그 단계는 무엇인가?	－수술 시행 단계
가장 근접한 요인은 무엇이었는가? (인적 요인, 시스템 요인)	어떤 인적 요인이 결과에 관련 있는가?	• 환자 측 －기왕증으로 인한 고위험군(오랜 기간 동안의 양쪽 　하지 정맥류) • 의료인 측 －수술 중 과실(경화제 주입시 일부가 정맥혈관 밖으 　로 누출되었거나 동맥혈관에 주입됨) －가이드라인 활용 미흡
	시스템은 어떻게 결과에 영향을 끼쳤는가?	

어가서 색전증이 발생할 경우 폐색전증이 발생하지만 본 사건의 경우 사지말단동맥 색전증이 발생하였다. 원인으로 수술 중 동맥 결찰, 동맥 내 경화제 주입 혹은 정맥 내 주입된 경화제의 동맥 유출의 가능성이 있다는 자문의견이 있었다(〈표 8〉 참조).

5. 재발방지 대책

원인별 재발방지 사항 제안은 〈그림 8〉과 같으며, 각 주체별 재발방지 대책은 아래와 같다.

〈그림 8〉 외과 질적 08 원인별 재발방지 사항 제안

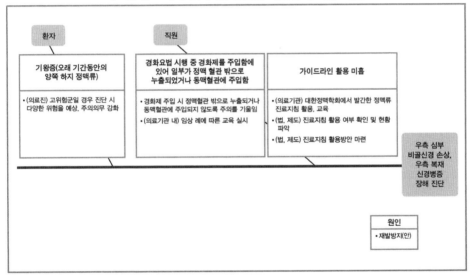

(1) 의료인의 행위에 대한 검토사항

기왕증으로 인한 고위험군 환자의 경우, 진단 시 다양한 위험을 예상하고 더욱 주의를 기울여야 한다. 하지정맥류에 대한 치료로 경화제 주입 시에는 경화제가 정맥 혈관 밖으로 누출되거나 동맥혈관에 주입되지 않도록 하여야 한다.

(2) 의료기관의 운영체제에 관한 검토사항

의료인의 능력 함양을 위하여 임상 사례에 따른 교육을 실시하고 대한정맥학회

에서 발간한 정맥류의 진료지침을 활용할 수 있도록 의료인을 교육한다.

(3) 학회·직능단체 차원의 검토사항

각 진료지침의 활용 여부에 대한 현황 파악을 하고 진료지침의 활용방안을 마련한다.

▮ **참고자료** ▮   사건과 관련된 의학적 소견[3]

1. 경화요법

경화요법은 혈관 내벽을 손상시키는 약물(경화제)을 가느다란 주사기를 이용하여 정맥혈관 내로 주입한 후 외부에서 가한 압박으로 혈관의 내벽을 유착케 함으로써 혈관을 섬유화시켜 없애는 방법으로서 경화제가 정맥혈관 밖으로 누출되어서는 안 된다.

---

3) 해당 내용은 판결문에 수록된 내용입니다.

판례 9. 도수정복술 시행 이후 십이지장 천공으로 인한 환자 사망_
인천지방법원 2008. 1. 23. 선고 2006가단27477 판결

1. 사건의 개요

환자는 복부 통증, 오심, 구토 등의 증상으로 응급실로 내원하였다. 복부 초음파
검사, 복부 CT검사 및 위내시경검사 등의 결과 장폐색 가능성이 높고 복수가 보여
외과로 전과되었다. 응급으로 진단적 개복술 시행 결과 소장 대부분이 탈장되어 있어
도수정복술을 시행하였다. 수술 후 배뇨곤란 등의 이상이 발생하고 알코올 중독으로
초래된 섬망 가능성과 동성빈맥이 의심되었다. 중환자실로 옮긴 후 담즙 누출이 의심
되어 재수술을 하였고, 개복 결과 십이지장의 심한 천공과 주변 오염이 발견되어 십
이지장공장문합술을 시행하였다. 수술 후 20일쯤 지났으나 혈액성 담즙이 누출되어
다시 재수술을 결정하였다. 개복 결과 심한 협착 및 광범위한 오염이 확인되었으며
천공된 결장 및 공장 복구술 등을 행하였다. 수술 이후 계속 치료 받았으나 호전되지
못하고 사망하였다[인천지방법원 2008. 1. 23. 선고 2006가단27477 판결].

날짜	시간	사건 개요
		• 68세, 남자 환자로 약 20년 전 십이지장 궤양으로 위 부분절제술 및 위공장문합수술을 받은 적이 있음 • 과거 소주 1병 정도(알코올 중독에 관한 기록 존재)의 술을 마신 전력이 있음
2006. 2. 2.		• 하루 전부터 하복부, 상복부 통증, 오심, 구토 등의 증상이 있었음을 호소하며 피고 병원 응급실에 내원 • 위궤양 및 장마비 의증 하에 소화기내과에 입원 • 혈압 150/90, 맥박 72회/분, 체온 36℃, 호흡 20회/분으로 활력증후 정상, 약간의 고혈압 증상, 백혈구 수치 7,400(정상 4,000−10,000), OT/PT 수치(간기능검사) 31/15(정상 5−40/0−40), 혈중요소질소 수치 9(정상 7−20), 크레아티닌 수치 0.9(정상 0.6−1.2), 총빌리루빈 수치 0.7(정상 0.2−1.2)
2006. 2. 3.		• 복부 초음파검사, 복부 CT검사 및 위내시경검사 등의 결과 = 장막에 정맥 울혈 확인. 내탈장 또는 유착으로 인한 장폐색

날짜	시간	사건 개요
2006. 2. 3.		가능성이 높고 복수가 보인다는 소견으로 일반외과로 전원 • 울혈과 복수 외에 삼출액이나 십이지장 천공을 의심하여 볼 수 있는 우측 신장 전방 주변의 공기음영이나 십이지장 장벽의 비후 또는 신장 주변의 체액, 담즙의 유출, 췌장액의 오염 등의 소견은 제시되지 않음
	19 : 30	• 응급으로 진단적 개복술 시행 결과 = 소장 대부분이 우측으로 종전 위공장문합부 뒤를 통하여 탈장되어 있고, 소장의 일부분에 부종과 발적이 있었으나, 움직임 및 흐름이 원만한 것으로 진단 • 탈장된 소장을 손으로 꺼내어 제자리로 옮겨주는 방식으로 도 수정복술 시행(1차 수술) • 1차 수술 이후 120 – 150회 정도의 동성빈맥이 계속됨
2006. 2. 4.		• 금식 • 활력증후 안정적. 수술창상부는 청결상태 유지. 배뇨정도 시간당 60 – 70cc, 맥박 162 – 167회, 백혈구 수치 1,100, OT/PT 수치 44/17, 혈중요소질소 수치 33, 크레아티닌 수치 1.5, 총빌리루빈 수치 1.5로 각 상승
	02 : 00	• 혈액 배액낭, 비위관으로 오래된 혈액모양으로 배액
	04 : 55경	• 배액관에 1일간 약 600cc의 장액성의 짙은 갈색으로 배액 • 배뇨곤란, 지리멸렬, 흥분성(흥분하여 비위관 튜브를 제거한 정도)의 상태 보임
2006. 2. 4.		• 알코올성 섬망 의증으로 신경정신과에, 동성빈맥 의증으로 순환기내과에 협진의뢰 = 신경정신과로부터 알코올 중독으로 초래된 섬망가능성이 있다는 소견과 순환기내과로부터는 동성빈맥 소견을 통보받음
	14 : 00	• 중환자실로 옮김
2006. 2. 5.		• 배뇨량 시간당 30 – 40cc, 총빌리루빈 수치 3.77, 간접빌리루빈 수치 2.76(정상 0 – 0.4), 배액 정밀검사에서 나온 빌리루빈 수치 18.26, OT/PT 수치 634/175, 혈중요소질소 수치 93, 크레아티닌 수치 5.1로 상승 • 혈액응고시간 지연되고 섬유소분해산물, D이중체 양성반응 보임. 혈소판수치 106,000 • 수술부위 배액관으로 1일간 합계 890cc 배액

날짜	시간	사건 개요
2006. 2. 5.	16 : 00	• 배액관에 갈색으로 배액
	23 : 40	• 배액관에 삼출물 나옴. 배뇨곤란, 동성빈맥, 의식상태 혼미 등으로 불안정한 상태 지속. 아티반에 반응 없음으로 판단 • 복막염에 의한 패혈증의 의증이 있었는데 담즙성 배액이 확인되지 않은 점을 볼 때, 십이지장 천공에 의한 패혈증으로 판단하기 어렵고, 요도관 감염, 폐렴, 혈관염, 병원감염 등 다른 원인에 의한 패혈증 양상과 이차적으로 십이지장 천공이 나타났을 가능성이 있음
2006. 2. 6.		• 급성신부전 의증으로 신장내과에 협진의뢰
	05 : 09	• 혈액요소질소 수치 112, 크레아티닌 수치 6.4, 총빌리루빈 수치 3.95, 간접빌리루빈 수치 3.11, OT/PT 수치 482/183로 상승
2006. 2. 6.	06 : 04	• 처음으로 배액관에 담즙색으로 배액. 홍분성 있음
	09 : 30	• 활력증후 안정적 • 담즙 누출 의증으로 재수술 결정
2006. 2. 6.	11 : 30	• 개복술 시행 결과 = 이전에 탈장되었던 소장은 정상상태이나, 십이지장 제2부의 심한 천공상태여서 생기가 없고 넓게 열린 상태. 십이지장 천공으로 인하여 배출되는 담즙으로 인하여 후복막이 오염되어 있고, 그 주변도 심하게 오염되어 있었음 • 십이지장 제2부의 실활된 전벽조직을 제거하고, 팽대부 주위의 정상 십이지장 벽에 Roux−en−Y기법으로 공장을 올려서 측대 측 문합술의 방법으로 십이지장공장문합술을 시행. 여러 개의 배액관을 삽입한 후 수술 종료(2차 수술) • 수술 후 보호자에게 망인의 상태가 불량하여 급성신부전상태로 사망 및 합병증의 가능성이 높다는 내용을 설명하고, 수술 후 지속적 정맥 대 정맥 혈액투석이 필요함 설명
2006. 2. 7.		• 보호자에게 수술 문합부위의 누출 가능성이 많음 설명
2006. 2. 10.		• 활력증후 안정적. 의식상태 혼란상태 • 배액관으로 장액성의 누런 분비물 나와 4×4 거즈가 흠뻑 젖을 정도, 짙은 갈색의 담즙 찌꺼기가 나오는 상태여서 지속적인 정맥 대 정맥 혈액투석을 중지하고 단순 혈액투석으로 교환. 담즙성 분비물 점차 증가

날짜	시간	사건 개요
2006. 2. 15.		• 전반적으로 배액관에서 관찰되던 분비물이 전체 절개부에서 삼출되고, 우측 실리콘 및 궐련식 배액관으로도 배액량이 증가
2006. 2. 17경		• 경피적경간 담낭천자 시행
2006. 2. 24.		• 상태 악화되고 혈액성 담즙이 누출되어 출혈부를 찾지 못하고 문합부위의 누출이 조절되지 않아 재수술 결정
2006. 2. 25.		• 개복 시술 결과 = 심한 협착, 광범위한 오염 상태. 십이지장공장문합부위는 거의 분리된 상태이며, 결장 및 공장천공 상태여서 복막염으로 진단 • 천공된 결장 및 공장 복구술, 담낭절제술, T관 총담관절개술, 팽대부절개, 긴 P관 스텐드 삽입, Roun-en-Y 팽대공장절개술 등을 시행(3차 수술)
2005. 3. 38. (38일은 판결문에 오기된 것으로 확인함)	10 : 15경	• 수술 이후 계속 치료 받았으나 호전되지 못하고 선행사인 십이지장 천공, 직접사인 다발성 장기부전(십이지장천공으로 인한 복막염, 패혈증, 급성신부전)으로 사망

2. 법원의 판단

가. 수술 중 주의의무를 소홀히 한 과실 유무: 법원 인정

(1) 환자 측 주장

의료진은 1차 수술을 하는 과정에 부주의로 십이지장을 손상시켰을 것이다. 또는 1차 수술 이후 환자의 상태가 악화되고 있었는데도 복부 CT검사 등 정밀검사를 실시하지 않아 2차 수술이 지연되어 십이지장 천공사실을 뒤늦게 발견하였을 것이다. 의료진의 이런 과실로 환자는 십이지장 천공으로 인한 다발성 장기부전으로 사망하였다.

(2) 법원 판단

2006. 2. 3의 복부 CT검사 등에 따른 소견에서 환자에 대한 십이지장 천공을 의심하여 볼 수 있는 우측 신장 전방 주변의 공기음영이나 십이지장 장벽의 비후 또

는 신장 주변의 체액, 담즙의 유출, 췌장액의 오염 등의 소견이 제시되지 않았다. 1차 수술 이후에는 복막염, 패혈증 등의 의증이 발생했으며 담즙색으로 배액이 되었던 사실이 있었다. 그리고 환자에게서 십이지장 천공이 발생한 곳은 제2부로 십이지장 중 가장 쉽게 손상을 입을 수 있는 곳이었다. 이런 사실들과 십이지장 천공의 주된 원인은 둔상에 있는 점 등의 사정에 비추어 볼 때 의료진이 1차 수술을 시술함에 있어서 부주의로 기존에 약화되었던 환자의 십이지장 제2부에 충격이나 손상을 가하였을 것으로 인정된다.

만일 피고 병원에 내원하기 이전에 이미 환자에게 십이지장 천공이 발생하였고 1차 수술을 하면서 어떠한 충격을 가한 적이 없는 것이 사실이라면 의료진에게는 복부 CT검사, 1차 수술 등에서 십이지장천공사실을 확인하지 않은 과실과 1차 수술로 인한 장액 등의 독소를 완전하게 처리하지 못한 과실이 인정된다. 그리고 1차 수술 이후에도 환자의 상태가 불량하였으므로 추가적인 조영제 등을 사용한 복부 CT검사 등을 함으로써 조기에 환자의 상태를 진단했어야 함에도 그러지 못한 과실로 환자가 사망에 이르게 된 것으로 인정된다.

3. 손해배상범위 및 책임제한

가. 의료인 측의 손해배상책임 범위: 40% 제한

나. 제한 이유

① 복부 CT검사 결과 등을 종합하여 지체 없이 2차 수술을 시행하였고, 배액관으로 담즙이 배액되는 것을 확인하고 지체 없이 3차 수술을 시행하는 등 의료진이 진지한 노력을 다하여 환자를 치료한 것으로 보이는 점

② 환자는 68세의 고령이고 기존에 십이지장 궤양으로 위공장문합술을 받은 전력이 있는 등 환자의 십이지장이 상당히 약화되어 있었던 것으로 보이는 점

다. 손해배상책임의 범위

(1) 청구금액: 50,000,000원
(2) 인용금액: 21,200,000원(1,200,000원 + 20,000,000원)

- 장례비: 1,200,000원(3,000,000원×0.4)
- 위자료: 20,000,000원

4. 사건 원인 분석

1차 수술 이후 시행한 혈액 검사에서 빌리루빈, 혈중요소질소, 크레아티닌 등의 수치가 높게 나왔고 환자가 배뇨곤란, 지리멸렬, 흥분성을 보였음에도 의료진은 고령의 환자가 수술 후 보이는 일반적인 증상으로 여기고 넘어간 것은 아닌가라는 추정이 된다. 또한 환자가 위 부분절제술 및 위공장문합술을 했던 전력이 있고 68세의 고령이며 알코올 중독이라 수술할 컨디션이 되지 않아 바로 수술을 시행하지 못하였을 가능성도 존재하는 것으로 생각된다. 고령의 환자에 대해서는 수술 전 후 세심한 관찰이 가장 중요하며 젊은 환자들과 비교할 때 심각한 감염증에 의한 증상이나 징후들이 나타나는 정도가 적거나 뒤늦게 나타나는 경우가 있으므로 이를 충분히 감안하고 면밀한 관찰을 하는 것이 필요하다는 자문의견이 있었다.

또한 자문위원은 본 사건에서 수술 후 검사 결과들로 충분히 패혈증 및 이에 의한 허탈을 의심할 수 있어 즉각적인 조치가 필요할 것으로 보이나, 수술 소견에서 명확한 복강 내 오염 및 복막염 소견이 보이지 않았던 점과 수술 후 1~2일 경과 후 패혈증의 소견이 나타난 점, 증상 발생 시 배액관의 양이 증가하긴 했으나 장내용물에 의한 배액물의 오염 소견이 없었던 점을 볼 때 의료진이 복막염으로 인한 패혈증을 먼저 생각하기에는 어려움이 있었을 것으로 추측된다고 하였다. 단지, 환자의 극심한 복통 호소를 섬망으로 오인하고 더 적극적인 검사 혹은 치료를 고려하지 않았을 가능성이 있어 보인다는 의견을 주었다(〈표 9〉 참조).

〈표 9〉   원인분석

분석의 수준	질문	조사결과
왜 일어났는가? (사건이 일어났을 때의 과정 또는 활동)	전체 과정에서 그 단계는 무엇인가?	− 환자 사정 및 조치 단계 − 수술과정 단계
가장 근접한 요인은 무엇이었는가? (인적 요인, 시스템 요인)	어떤 인적 요인이 결과에 관련 있는가?	• 환자 측 − 고위험군(고령) • 의료인 측 − 환자 상태 파악 조치 미흡(패혈증 증상 발생에도 검 사, 조치 미시행)
	시스템은 어떻게 결과에 영향을 끼쳤는가?	

5. 재발방지 대책

원인별 재발방지 사항 제안은 〈그림 9〉와 같으며, 각 주체별 재발방지 대책은 다음과 같다.

〈그림 9〉 외과 질적 09 원인별 재발방지 사항 제안

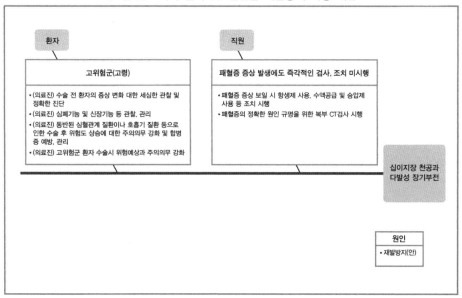

(1) 의료인의 행위에 대한 검토사항

고령의 고위험군 환자의 경우 수술 전 환자의 증상 변화에 대해 경각심을 가지고 세심하게 관찰하여 정확하게 진단하고 위험을 예상하여야 하며 주의를 더욱 강화하여야 한다. 특히 환자의 심폐기능 및 신장기능을 주의 깊게 관찰하고 동반된 심혈관계 질환과 호흡기 질환 등으로 수술 시행 시 위험도가 상승할 가능성에 대해 주의를 기울이고 합병증을 예방할 수 있도록 해야 한다. 환자에게 패혈증 증상이 발생하였을 경우에는 항생제를 투여하고 수액 공급 및 승압제를 사용하는 등의 조치를 취해야 한다. 또한 패혈증의 정확한 원인 규명을 위한 복부 CT검사를 시행해야 한다.

| 참고자료 | 사건과 관련된 의학적 소견[4]

○ 복부 초음파검사 및 복부 CT검사에 의하여 많은 양의 복강 내 저류나 십이지장 파열을 알 수 있으나, 장파열이 작은 경우는 잘 알기 어렵고, 복강 내 유리가스 등이 있으면 감별이 쉽지 않을 경우도 있다.

○ 도수정복술은 절개나 절제 없이 손을 이용해 탈장된 부위를 풀어주는 술식이며 그 자체로서 특이할 만한 합병증이 없으나, 장폐색증 정도(기간, 좁아진 양상 등)에 따라 다양한 합병증이 나타날 수 있다. 고여 있던 장액들이 도수정복에 의해 혈류가 좋아지면서 다양한 독소 등의 영향으로 전신 증상이 나타날 수 있고, 장파열, 장마비, 패혈증, 장괴사 등이 일어날 수도 있다. 시술한 배액관의 배액으로 그러한 상태를 확인할 수 있고, 장파열이 있으면 담즙이나 장내용물이 나오는 것이 정상적이다.

○ 혈중요소질소 및 크레아티닌 수치가 증가되는 검사결과는 신장기능의 악화로 인한 급성신부전의 상태를 나타낸다. 그 원인은 전신마취에 따른 약물의 독성에 의해 신장기능이 저하되는 경우, 신장으로 가는 혈류의 부족의 경우(저혈압, 대량 출혈 등), 대량의 소장액이 저류되면서 고인 물에서 세균증식이나 독소의 증가로 인해 신장기능이 악화된 경우가 있다.

○ 복부에 삽입한 배액관에서 다량으로 장액성이 아닌 담즙색의 배액이 되고 빌리루빈이 상승하면 담즙이 복강 내로 새는 것을 의심하고 임상양상을 관찰한 후 수술적인 치료가 필요하다. 십이지장 등에 발생한 천공을 방치하는 경우 복막염으로 인한 패혈증이 발생할 수 있으나, 배액관을 시술한 상태에서는 복강 내에 고이는 액이 복강 밖으로 배액될 수 있기 때문에 패혈증이 발생하는 경우는 드물다.

○ Roux-en-Y 십이지장공장문합술은 십이지장 2부에 둘레의 50-75% 정도의 열상이 있을 경우나 1,3,4부의 둘레에 50-100%의 열상이 있는 경우 실시한다. 십이지장과 소장은 횡행결장과 결장간막에 의해 서로 분리되어 있는 형태를 취하지만, 소장을 잘라서 잘린 원위부를 끌어올려 십이지장과 문합을 시행하고, 잘린 소장의 근위부의 말단과 끌어올린 원위부의 측부를 문합하여 Y자 형태를 이루는 것이다.

○ 십이지장은 해부학적으로 후복막 내의 척추 전방에 위치하고 있기 때문에 주로 복부둔상 등 외부에서 압력이 가해지게 되면 손상이 발생하고, 십이지장이 폐쇄장관 상태일 때 갑자기 둔상을 받으면 파열이 되기도 한다. 십이지장은 위치하고 있는 해부학적 특징으로 인하여 다른

---

4) 해당 내용은 판결문에 수록된 내용입니다.

장기에 비해 손상 받을 확률이 낮으며, 십이지장이 손상되면 복부 CT 필름상 유리가스 음영이 발견되고, 십이지장 손상에 따른 합병증으로 복막염이 발생하면 복강 내에 기체나 액체가 쌓여 복부팽만, 복부강직 등의 현상이 나타난다. 복막염에 대한 치료가 지연되는 경우 패혈증으로 발전할 가능성이 높고, 이 경우 사망에 이르게 될 위험성도 매우 높아진다.

○ 십이지장의 손상으로 인한 사망률과 합병증을 감소시키기 위하여 조기진단과 조기수술이 중요하다. 하지만 그 내용물이 중성 산도를 가지고 있고 균이 적으며 손상이 있더라도 대개 후복막에 국한되기 때문에 그 진단이 어려워 33-50% 정도 진단을 놓치고, 방사선 검사 등의 소견이 미소하여 조기진단을 놓치는 경우가 많다. 1차적인 수술에서 간과되는 확률도 20-30%에 이르고, 외상환자의 개복술 때에는 후복막부의 십이지장 손상을 찾아내는데 노력해야 하는데, 시험개복술 후에도 발견하지 못하는 경우도 15%정도 된다. 빈맥, 상복부의 약함, 구토, 체온의 급격한 상승은 특별한 것을 제외하고는 일반적이며, 복막의 징후는 십이지장의 내용물이 복강 안으로 흘러나온 뒤에야 나타난다.

○ 십이지장 손상에 의한 사망률은 과거에는 15% 정도였으나, 점차 감소하여 최근 연구에서는 2-5%를 나타내고 있다. 하지만 손상 후 진단이 24시간을 경과하였을 때 사망률은 11-40%까지 증가하고, 사망률이 5%에서 65%로 증가된다는 보고도 있다. 십이지장 천공의 치료방법은 미세한 천공의 경우 단순 봉합으로 충분하다. 천공의 범위가 클 경우 천공봉합 및 우회로 성형술, 매우 손상이 심할 경우에는 췌장십이지장절제술 등을 시행한다.

판례 10. 복강경 담낭절제술시 총담관 절제로 인한 급성담관염 발생_ 인천지방법원 2010. 10. 6. 선고 2006가단50163 판결

1. 사건의 개요

환자는 복통 등의 증상으로 입원하여 담낭결석 및 담낭염이라 진단 받고 복강경 담낭절제술을 시행받았다. 그런데 의료진은 수술부위와는 무관한 총담관을 클립으로 폐쇄하고 그 가운데 부분을 절단하였다. 그 결과 환자에게 황달 증상 등의 이상이 나타나고 3회에 걸쳐 급성담관염으로 입원치료를 받게 되었다[인천지방법원 2010. 10. 6. 선고 2006가단50163 판결].

날짜	사건 개요
2005. 6. 2.	• 환자 복통 등의 증상 • 이천 소재 병원에서 초음파, CT, 혈액검사, 소변검사 등을 통해 담낭결석 및 담낭염이라 진단 받음
2005. 6. 8.	• 담낭절제술을 위해 피고 병원 내원
2005. 6. 9.	• 복강경 담낭절제술 시행 = 담낭관과 동맥을 잘 처치하여 담낭을 제대로 절제하였으나, 그 과정에서 수술 부위와는 무관한 간과 십이지장을 이어주는 총담관을 클립으로 폐쇄하고 그 가운데 부분을 절단하였음 • 수술 직후부터 수술부위 경미한 통증 호소
2005. 6. 11.	• 황달증상
2005. 6. 12.	• 가슴의 답답함과 호흡곤란 호소
2005. 6. 13.	• 지속적인 수술부위의 불편감 호소
2005. 6. 16.	• 신체검진 후 타 의료기관으로 전원 = 내시경적 역행성 담체관 조영술(ERCP) 시행 * 총담관이 절단되고 그 주변이 클립으로 폐쇄되어 있어, 상부담관의 폐쇄로 인한 폐쇄성 황달이 발생하였음을 확인함 • 피부를 뚫고 간을 통해 담관에 관을 삽입한 후 담즙을 배출시키는 경피적 경간담즙 배액술 시행
2005. 7. 15.	• 절단되어 폐쇄되어 있던 총담관에 대한 일부 제거 및 담도 협착의 예방 등을 위하여 루앙 Y 형태(Roux-en Y type)의 총담관공장문합술 등을 받았음

날짜	사건 개요
2005. 7. 15.	• 총담관의 손상으로 인한 혈전의 발생으로 인하여 흉골하골로부터 복부까지의 개복술로 하대정맥 및 우심방내에 있는 혈전제거술 받았음
(일시 미기재)	• 총담관공장문합 부위의 협착 및 제8구역의 간병변 존재, 이로 인한 장래 간헐적인 급성담관염 발생 우려됨 = 2006년경 2회, 2007년경 2회, 2008년경 1회, 2009년경 3회에 걸쳐 급성담관염으로 입원치료 받음

2. 법원의 판단

가. 수술과정상의 과실 여부: 법원 인정

(1) 피고 측 주장

담낭절제술을 시행할 경우 세심한 주의를 기울여도 담관 손상이 일어날 가능성이 상존하고, 개복 수술의 경우 0.125%, 복강경 담낭절제술의 경우 0.85%로 그 빈도가 상당히 높다. 환자의 경우에는 더욱이 담낭에 염증이 있는 상태에서 복강경 담낭절제술을 시행받아 담관이 손상될 가능성이 매우 높다. 따라서 이 사건 수술로 환자에게 발생한 총담관 손상은 의료진의 과실이 아닌 수술시 발생할 수 있는 불가항력적인 합병증에 해당한다고 보아야 한다.

(2) 법원 판단

의료진은 복강경 담낭절제술을 시행하면서 담낭, 담관, 총담관 등을 면밀히 확인하여 담낭 및 이와 연결된 담낭관 부분만을 제대로 절제하여야 하고, 그 주변 조직이나 기관에 손상이 가지 않도록 세심한 주의를 기울여야 한다. 만일 수술 중 총담관의 손상 여부에 대하여 의문이 든다면 담관조영술 등으로 이를 면밀히 확인하면서 천천히 수술을 진행하거나 개복술로 전환하여 안전하게 수술을 진행하여야 한다. 그럼에도 불구하고 피고 의사들은 이와 같은 주의의무를 위반하여 담낭 및 이와 연결된 담낭관 외에 총담관을 클립으로 폐쇄하고 그 가운데를 절단해버린 과실이 있음이 인정된다.

복강경 담낭절제술의 경우 흔히 발생하는 부작용으로 복강기종에 의한 합병증,

감염, 담즙 누출 등이 있고 드물게 발생하는 부작용으로는 장, 방광의 손상 등이 있을 수 있다. 그리고 심각한 합병증으로 0.4%-0.6% 환자의 경우 담도 손상이 발생할 수도 있으나, 이는 정상적인 수술 과정에서의 부작용 내지 합병증이 발생할 가능성이 있다는 것을 의미한다. 이 사건의 경우에는 피고가 수술과정에서 총담관을 클립으로 폐쇄하고 그 가운데를 절단한 잘못이 명백한 이상 위와 같은 통상적인 부작용 내지 합병증의 발생 가능성을 이유로 피고에게 과실이 없다고 보기는 어렵다.

3. 손해배상범위 및 책임제한

가. 의료인 측의 손해배상책임의 범위: 100%(충분히 설명되지 않은 주장만 배척)

나. 제한 불인정 이유

(1) 이 사건 수술 전 총담관이나 간 등에는 아무런 문제가 없는 상태였던 점
(2) 피고 의사의 과실로 인하여 환자에게 급성담관염이 발생한 것이 명백한 점
(3) 이 사건 수술 전 환자의 담낭결석 및 담낭염과 이 사건 수술 후 발생한 급성담관염 등은 그 발생 부위나 원인에 차이가 있는 등 환자의 질환이 이 사건 수술 후 급성담관염의 발생에 기여하였다고 보기 어려운 점

다. 손해배상책임의 범위

① 청구금액: 255,656,497원
② 인용금액: 219,390,249원
- 일실수입: 139,691,117원
- 기왕치료비: 11,678,120원
- 흉복부 다발성 반흔, 좌측 서혜부 반흔에 대한 향후치료비: 8,255,412원
- 총담관손상으로 인한 향후치료비: 49,699,132원
- 위자료: 30,000,000원

4. 사건 원인 분석

의사가 담낭절제술 시행 중 총담관을 클립으로 폐쇄하고 그 가운데를 절단하여 환자에게 간헐적 급성담관염 등이 발생하였다. 자문위원의 의견에 따르면 본 사건의 경우 담낭의 염증이 심하였기 때문에 의료진은 담도손상의 가능성을 더욱 염두에 두고 조심스럽게 수술을 진행하여야 했는데 그렇지 못한 점, 수술 중 담도손상을 인지하여 적절하게 조처했어야 하는데 그렇지 못한 점이 문제였다. 이런 잘못에는 의료진의 집중력 저하나 경직된 의사소통 등도 영향을 미쳤을 것으로 보인다. 또한 비침습적인 수술을 선호하여 시야가 충분히 확보되지 않은 상태에서 무리하게 수술을 진행하는 최근의 경향이 문제를 발생시킬 수 있다는 지적이 있었다(〈표 10〉 참조).

〈표 10〉 원인분석

분석의 수준	질문	조사결과
왜 일어났는가? (사건이 일어났을 때의 과정 또는 활동)	전체 과정에서 그 단계는 무엇인가?	– 수술 시행 단계
가장 근접한 요인은 무엇이었는가? (인적 요인, 시스템 요인)	어떤 인적 요인이 결과에 관련 있는가?	• 의료인 측 – 수술 중 과실(복강경 담낭절제술 시행 시 총담관을 클립으로 폐쇄하고 가운데를 잘라버림)
	시스템은 어떻게 결과에 영향을 끼쳤는가?	

5. 재발방지 대책

원인별 재발방지 사항 제안은 〈그림 10〉과 같으며, 각 주체별 재발방지 대책은 아래와 같다.

〈그림 10〉   외과 질적 10 원인별 재발방지 사항 제안

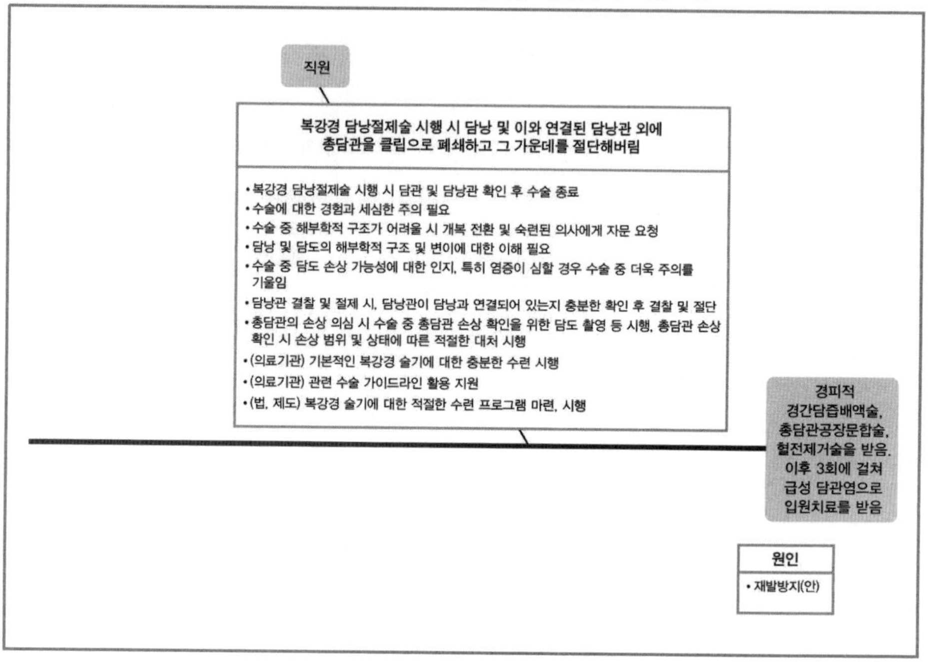

(1) 의료인의 행위에 대한 검토사항

복강경 담낭절제술을 시행할 경우 수술 전 담낭 및 담도의 해부학적 구조 및 변이에 대한 충분한 이해가 필요하다. 담관 및 담낭관을 확인한 후 수술을 시행해야 하고 환자의 해부학적 구조로 수술이 어려울 경우 개복술로 전환하고 숙련된 의사에게 자문을 요청하여야 한다. 또한 수술 중 담도 손상 가능성에 대해 주의하고 특히 염증이 심할 경우에는 더욱 조심스럽게 수술을 진행해야 한다. 담낭관을 결찰 및 절제할 때에는 담낭관이 담낭과 연결되어 있는지 충분히 확인한 후 시행해야 한다. 총담관의 손상이 의심될 경우에는 수술 중 총담관의 손상 여부 확인을 위해 담도 촬영 등을 시

행하고, 총담관의 손상이 확인되면 손상 범위 및 상태에 따른 적절한 대처를 해야 한다. 또한 복강경수술 시 최근의 경향에 따라 무리하게 비침습적인 수술을 진행하기보다는 삽입관을 추가로 삽입하여 충분한 시야를 확보한 후 수술을 진행하도록 한다.

(2) 의료기관의 운영체제에 관한 검토사항

의료인의 수술 능력 향상을 위해 기본적인 복강경 술기에 대해 충분히 수련할 수 있는 기회를 제공한다. 또한 관련 수술 가이드라인이나 진료/관리 지침을 활용할 수 있도록 지원하여야 한다.

(3) 국가·지방자치단체 차원의 검토사항

기본적인 복강경 술기에 대한 의료인의 능력 향상을 위해 충분한 수련 프로그램을 마련하여야 한다.

┃참고자료┃ 사건과 관련된 의학적 소견[5]

○ 담낭이란 담즙을 일시적으로 저장하여 농축하였다가 필요한 시기에 소장으로 분비해 주는 기관으로 쓸개라고도 한다. 담즙은 간에서 생성되어 담관을 통하여 담낭으로 흘러들어와 저장되었다가 담낭이 수축하면 다시 담관을 통하여 십이지장으로 들어가 지질의 소화 촉진 등의 작용을 한다. 담관은 간관, 담낭관, 총담관의 3개 분지로 이루어져 Y자 모양을 이루는데 Y자의 아랫부분은 총담관으로 십이지장으로 연결되어 있다.

○ 담낭결석은 담낭에 결석이 형성되는 담석증의 일종인데, 결석으로 담즙의 순환에 장애가 유발되어 감염증 발생 등 위험한 상황을 초래할 수 있다. 복통 등 담석증의 증상이 발현되면 경우에 따라 담낭절제술을 시행하게 된다.

○ 담낭절제술은 수술적 방법으로 담낭을 제거하는 것으로, 과거에는 주로 담낭부위의 복부를 절개하여 직접 육안으로 담낭을 확인하고 절제하는 방식으로 이루어졌다. 그러나 최근에는 대부분 복부에 구멍을 뚫고 복강경이라는 카메라를 삽입하여 수술을 한다. 이렇게 개복술을 하지 않고 복강경 수술을 하면 수술로 인한 흉터가 감소하고, 통증도 적으며, 입원 및 회복기간이 단축되는 등의 장점이 있다. 반면에 직접 육안으로 담낭을 보고 절제하는 것이 아니라 카메라를 통하여 반사되는 영상을 보고 시술을 하기 때문에 담낭절제 과정에서 부정확한 시술이 이루어질 가능성이 있다.

○ 내시경적 역행성 담췌관 조영술(ERCP)은 내시경을 이용하여 입과 위를 거쳐 십이지장의 담낭과 췌장으로 분기되는 십이지장 제2부에 있는 유두부를 관찰하고, 유두부를 통해 담관 또는 췌관으로 내시경용 도관을 삽입한 후 의료용 조영제를 주입하여 담관과 췌관을 조영하는 방사선 투시를 병행하여 질병을 진단하는 시술이다.

○ 총담관공장문합술은 폐쇄된 총담관을 제거하고 총담관과 공장(소장의 일부)을 연결하는 수술이다.

○ 급성담관염은 담석, 수술 후 담도 협착, 종양 등에 의하여 담관이 폐쇄되거나 좁아져 혈류나 담관을 통해 장내 세균이 담즙 내에서 증식하면서 담관에 염증을 일으키는 질환이다.

---

5) 해당 내용은 판결문에 수록된 내용입니다.

판례 11. 대장내시경 검사 중 발생한 대장천공으로 인한 대장 일부 절제_대구지방법원 2008. 7. 21. 선고 2007가단113639 화해권고결정

1. 사건의 개요

환자는 직장암 수술 후 정기검사를 받다가 장루[6]가 발생하였음을 확인하고 장루제거술을 받을 예정이었다. 그러던 중 CT촬영에서 대장암이 의심되어 대장내시경 검사를 받았다. 환자 측 주장으로는 그 과정 중에 시술자의 과실로 대장천공이 발생했다. 그래서 의료진이 복부 개복을 하여 암 의심 부위와 장 천공으로 손상된 대장 부위를 잘라 내었다고 주장한다[대구지방법원 2008. 7. 21. 선고 2007가단113639 화해권고결정].

날짜	시간	사건 개요
2006. 1.		• 직장암 수술 이후 한 달에 한 번 정기검사 계속하였으나 장루 발생(환자 성별, 나이 미상)
2006. 1. 25.		• 입원 • 장루제거술 예정이었으나 CT 촬영 중 대장암 의심 소견 발견
2006. 11. 28.		• 대장내시경 검사 시술 • 시술자의 과실로 대장천공 발생
	15 : 00경	• 수술 동의서 작성. 바로 수술 못함
	18 : 01	• 복부 개복 • 수술 중 암 의심 부위와 장 천공으로 손상된 대장 부위 잘라냄

---

6) 판결문에는 '장루'라고 되어 있었으나, 사건의 내용을 고려하였을 때 장피누공이 발생한 것으로 추정된다.

2. 법원의 판단

가. 시술 상 과실 여부: 법원 화해 결정 권고

(1) 원고 측 주장

의료진은 내시경 시술상 과실로 대장 천공을 발생시켰고 천공 이후 늦게야 개복수술을 하여 결국 천공부위 절제를 하게 만들었다.

(2) 법원 권고

의료과실을 다투려고 할 경우 진료기록 감정 촉탁을 하여야 하는데 이에 드는 비용이 만만지 않을 뿐만 아니라 진료기록 감정을 하더라도 의료진에게 별다른 과실이 없어 보인다. 또한 의료진이 환자 가족들에게 제대로 된 설명을 하여 본안 소송으로 갈 경우 반드시 원고 측이 위자료를 받는다는 보장도 없다. 본안 소송에서 설명의무 위반으로 인한 위자료도 인정되지 않을 경우에는 병원 측 소송대리인의 소송비용까지도 원고 측이 부담하여야 될 위험 부담도 있다.

따라서 원고 측이 얼마간의 금액을 더 받기 위하여 모험을 하여 추후에 오히려 감정비와 소송비용까지도 부담하는 결과를 직면하기보다는 좀 더 합리적으로 그러한 모험을 하지 않고 병원 측이 치료비 포기와 위자료 지불을 하게 하는 안을 받아들이면 원고 측은 약 700만원의 통상적인 위자료를 받는 셈이 된다. 따라서 원고 측도 화해를 받아들이는 것을 권고한다.

3. 손해배상범위 및 책임제한

가. 의료인 측의 손해배상책임 범위: 위자료만 인정(화해권고)

나. 위자료만 인정 이유

(1) 진료기록 감정을 하더라도 의료진 측에 별다른 과실이 없어 보인다.

나. 손해배상책임의 범위

(1) 청구금액: 33,863,730원

(2) 인용금액: 2,000,000원(위자료)

4. 사건 원인 분석

환자 측은 대장내시경 시술 시 장기에 손상을 가하지 않도록 할 주의 의무가 의료진에게 있음에도 불구하고 이 주의 의무를 소홀히 하였다고 주장한다. 이에 대하여 환자는 직장암 수술을 받은 기왕력이 있고 이로 인한 장루도 발생하였다면 일반인보다 대장내시경 시술의 위험성이나 어려움이 컸을 것으로 보인다는 자문의견이 있었다. 또한 천공이 발생했을 경우 그 정도에 따라 항생제, 금식, 수액을 사용한 보존적 치료 또는 수술적 치료를 결정하여야 한다고 하였다(〈표 11〉 참조).

〈표 11〉 원인분석

분석의 수준	질문	조사결과
왜 일어났는가? (사건이 일어났을 때의 과정 또는 활동)	전체 과정에서 그 단계는 무엇인가?	- 시술 시행 단계
가장 근접한 요인은 무엇이었는가? (인적 요인, 시스템 요인)	어떤 인적 요인이 결과에 관련 있는가?	• 환자 측 - 기왕력(직장암 수술력) • 의료인 측 - 시술 중 과실(대장내시경 시행 중 대장천공 발생)
	시스템은 어떻게 결과에 영향을 끼쳤는가?	

5. 재발방지 대책

원인별 재발방지 사항 제안은 〈그림 11〉과 같으며, 각 주체별 재발방지 대책은 아래와 같다.

〈그림 11〉 외과 질적 11 원인별 재발방지 사항 제안

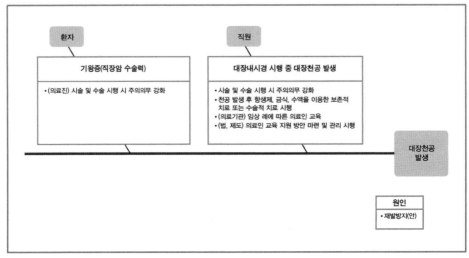

(1) 의료인의 행위에 대한 검토사항

환자에게 기왕증이 있어 시술 및 수술의 위험성이 높을 경우 더욱 더 주의를 기울여서 시술 또는 수술을 시행하여야 한다. 환자에게 천공이 발생하였을 경우, 환자에게 금식을 권고하고 항생제와 수액을 이용한 보존적 치료 또는 수술적 치료를 시행하여야 한다.

(2) 의료기관의 운영체제에 관한 검토사항

의료인의 능력 함양 및 주의의무 강화를 위해 임상 례에 따라 의료인을 교육하여야 하며, 체계적인 교육 시스템을 운영하여야 한다.

(3) 국가·지방자치단체 차원의 검토사항

기관 내에서 시행하는 의료인 교육 시스템 지원을 위한 방안을 마련하여야 하며, 해당 교육을 제대로 시행하고 있는지에 대한 관리가 이루어져야 한다.

판례 12. 위암 수술 이후 출혈로 인한 환자 사망_서울서부지방법원 2010. 9. 3. 선고 2009가합1436 판결

1. 사건의 개요

환자는 피고 병원에서 출혈성 위궤양 치료를 받고 퇴원하였다. 이후 피고 병원에서 위암 1기를 진단 받고 위 전체 절제 등의 수술(1차 수술)을 받았다. 수술 후 혈색소 수치가 떨어지고 활동성 출혈이 발생하여 문합부위 강화 등의 응급 수술(2차 수술)을 받았으나, 이후에도 혈변 등이 계속되어 출혈부위를 찾기 위한 수술이 계속되었다(3차, 4차 수술). 이런 노력에도 환자는 패혈성 쇼크 및 장기부전 등으로 결국 사망에 이르렀다[서울서부지방법원 2010. 9. 3. 선고 2009가합1436 판결].

날짜	시간	사건 개요
2008. 4. 29.		• 위궤양 증상으로 응급실 방문(환자 남자, 1949.9.20.생, 사고 당시 58세)
2008. 5. 7.까지		• 입원(1차 입원) = 상부 위장관 내시경 경화요법 통해 출혈성 위궤양 치료 받음 = 증상 완화되어 조직검사 받고 퇴원
2008. 5. 22.		• 위암 1기 진단(피고 병원 소화기심장내과)
2008. 5. 25.		• 위암 치료 위해 재입원(2차 입원) • 입원 당시 상태 = 혈변 및 토혈 증상 없었고, 혈압 120/80mmHg, 맥박수 90회/분, 호흡수 20회/분, 체온 섭씨 36.5도, 혈색소 수치 13.6g/dL
2008. 5. 29.		• 복강경 이용하여 ① 위 전체 절제, 림프선곽청술 시행, ② 식도와 공장은 원형문합기를 이용하여, 공장과 공장은 손으로 꿰매어 각 문합(1차 수술)
2008. 5. 30.	01 : 00경	• 일반혈액검사 결과 혈색소 수치 8.2g/dL
	12 : 00경	• 일반혈액검사 결과 혈색소 수치 7.6g/dL
	16 : 00경	• 일반혈액검사 결과 혈색소 수치 7.3g/dL(점차 감소) • 배가 불러오는 것 같다고 호소 • 상부 위장관 내시경 검사 결과

날짜	시간	사건 개요
2008. 5. 30.		= 활동성 출혈이 있어 응급 수술 결정 • 혈종 제거, 출혈부위결찰 및 담낭절제술, 문합부위 강화 시행 (2차 수술)
2008. 5. 31.	수술 후	• 일반혈액검사 결과 혈색소 수치 13.2g/dL • 의식 명료
	17 : 00경	• 산소포화도 80~90% 사이로 떨어져 기관 내 삽관 시행, 인공호흡기 장착
2008. 6. 10.		• 혈변 • 혈색소 수치 9g/dL
2008. 6. 11.		• 혈압 80/60mmHg, 혈색소 수치 7.8g/dL로 떨어져 위장관 출혈 막기 위해 개복술 시행하고 십이지장절주부, 식도공장문합부, 공장공장문합부를 강화시키는 봉합 시행(3차 수술)
2008. 6. 30.		• 3차 수술 이후에도 계속된 혈변과 혈색소 수치 8g/dL까지 떨어져 A대학교 병원 외과 의사에게 수술 참여할 것을 의뢰 • A대학교 병원 외과 의사와 함께 개복술 시행하였으나 수술 중 내시경검사, 혈관조영술, 적혈구 주사 등을 시행. 출혈부위를 찾지 못하고 봉합(4차 수술)
2008. 7. 01. ~ 2008. 7. 30.		• 혈색소 수치 8.2~10.9g/dL
2008. 7. 21.		• 황색포도상구균 발견
2008. 7. 30.		• 황색포도상구균 감염으로 인한 패혈성 쇼크, 장기부전 등으로 사망 = 망인의 위암은 조기 발견되어 예후가 매우 좋았고, 5년 생존율이 90% 이상이었음

2. 법원의 판단

가. 1차 수술 과정에서 출혈을 초래한 과실 여부: 법원 인정

(1) 원고 측 주장

1차 수술 과정에서 식도와 소장의 문합부위에서의 출혈을 초래한 과실이 의료진에게 있다.

(2) 피고 측 주장

환자의 출혈은 혈관이형성증으로 인한 것이다.

(3) 법원 판단

환자에게 출혈성 위궤양 증상이 있었으나 1차 입원으로 증상이 완화되어 퇴원했었고 2차 입원 당시에는 혈변 및 토혈 증상이 없었으며 혈색소수치가 13.6g/dL로 정상범주에 있었다. 그러나 1차 수술 이후 하루 만에 혈색소 수치가 8.2g/dL로 떨어지고, 활동성 출혈이 발생하여 2차 수술을 해야 했다. 이런 사실과 위암 수술의 합병증인 조기출혈은 발생률이 2.2% 정도이며, 대부분은 위공장문합부의 기술적 결함으로 발생하는 사실에 의할 때 의료진이 1차 수술 과정에서 문합을 제대로 하지 못한 과실로 환자의 출혈이 초래되었다고 추정할 수밖에 없다. 의료진은 환자의 출혈이 혈관 이형성증으로 인한 것이라고 주장하나, 환자에게 혈관이형성증이 있었음을 인정할 증거가 없어 의료진의 주장은 인정되지 않는다.

나. 1차 수술 이후 출혈의 원인을 찾지 못한 과실 여부: 법원 불인정

(1) 원고 측 주장

의료진은 1차 수술 이후 계속되는 출혈을 해결하기 위하여 수차례 수술을 반복하였지만 출혈의 원인을 찾지 못한 과실로 환자의 전신 상태를 약화시켜 사망에 이르게 하였다.

(2) 피고 측 주장

의료진은 최선을 다하여 시험적 개복술, 상부 위장관 내시경 검사, 혈관조영술, 위장관 출혈 스캔 등 모든 수술 및 검사를 시행하였지만 환자의 출혈 원인을 찾을 수가 없었다. 따라서 환자의 사망은 의료진의 과실로 인한 것이 아니라 불가항력적인 것이거나 환자의 혈관이형성증과 같은 기질적인 문제로 인한 것으로 보아야 한다.

(3) 법원 판단

의료진은 2~4차 수술에 걸쳐 환자의 출혈 원인을 찾아내기 위하여 시험적 개복술과 내시경 검사를 하였고 십이지장절주부, 식도공장문합부, 공장공장문합부 등을 수차례 강화하였으며, 이례적으로 타 병원 외과 의사에게 참여를 의뢰하여 함께 수술한 사실이 인정된다. 진료기록감정촉탁결과에 변론 전체의 취지를 더해보면 기도에서부터 항문까지 소화기의 길이는 약 7.5m이고, 그곳에 출혈이 있으면 개복술, 내시경검사, 혈관조영술, 적혈구주사 등을 하여 직접적 원인을 찾아내 지혈하거나 수액치료, 수혈 등을 하여야 하지만 장 내부에 피가 많이 고이게 되면 그 원인이 되는 부위를 찾기가 매우 어렵다는 사실을 인정할 수 있다. 이런 점을 볼 때 의료진은 임상의학의 실천에 의한 의료수준에 비추어 최선의 조치를 다 하였다고 인정된다.

다. 전원 요구 무시 또는 전원의무 위반 여부: 법원 불인정

(1) 원고 측 주장

피고병원은 환자의 출혈 원인을 찾지 못했다면 즉각 다른 병원으로의 전원을 고려했어야 하지만 환자 측의 전원요구를 무시한 채 수술을 반복하여 환자의 치료를 태만히 한 과실이 있다.

(2) 피고 측 주장

3차 수술 이후 의료진은 B 의료원에 전원을 요청하였으나 거부당하였다. C 병원에 대한 전원 요청은 C 병원에서는 받아주기로 하였으나 환자 측에서 거부하였다.

(3) 법원 판단

환자 측이 의료진에게 전원을 요구하였다는 점을 인정할 증거가 없고 피고 병원 역시 3차 병원이라는 점, A대학교 외과 의사를 초빙하여 함께 수술한 점 등을 고려하면 피고 병원에 전원의무가 있다거나 그러한 의무를 위반하였다고 볼 수 없다.

3. 손해배상범위 및 책임제한

가. 의료인 측의 손해배상책임 범위: 70% 제한

나. 제한 이유

① 출혈량이 많은 경우 그 출혈 부위를 찾기 매우 어려운 점

② 의료진은 출혈 부위를 찾기 위한 모든 조치를 다 취하였고 다른 병원 의료진에게까지 수술 참여를 요구한 점

다. 손해배상책임의 범위

(1) 청구금액: 297,376,981원

(2) 인용금액: 207,200,380원

　　－ 일실수입: 159,710,750원

　　－ 장례비: 4,489,635원

　　－ 위자료: 43,000,000원

4. 사건 원인 분석

1차 수술 이후 환자에게 출혈이 발생한 점을 보아 법원의 판단과 같이 수술 과정 중 의료진의 과실로 인하여 출혈이 발생되었다고 생각된다. 이후 수술이 몇 차례 더 시행되었는데 자문위원은 출혈량이 많아 대량 수혈에도 불구하고 활력 징후가 유지되지 않는 경우 지혈을 목적으로 조기에 재수술을 결정하기도 한다고 하였다. 또 판결문만으로는 수술의 적절성 여부를 판단하기 어렵지만, 재수술을 시행한 시점이 6월 10일과 6월 30일로 1차 수술과는 시간상으로 상당히 떨어져 있는 것으로 보아 의료진이 수혈 등의 대증요법을 시행하면서 자연 지혈을 기다렸음에도 출혈이 잘 조절되지 않았을 것으로 추측해 볼 수 있다고 하였다. 그리고 본 사건과 같이 수술 후 1달여 이후 발생하는 대량 출혈은 일반적이지 않은 경과로, 수술적 혹은 비수술적 조치로도 조절되지 않을 수 있는 환자의 비정상적인 출혈성 경향 혹은 특이한 기질적 원인(혈관이형성증)의 가능성이 높아 보인다는 의견을 주었다(〈표 12〉 참조).

〈표 12〉 원인분석

분석의 수준	질문	조사결과
왜 일어났는가? (사건이 일어났을 때의 과정 또는 활동)	전체 과정에서 그 단계는 무엇인가?	− 수술 시행 단계
가장 근접한 요인은 무엇이었는가? (인적 요인, 시스템 요인)	어떤 인적 요인이 결과에 관련 있는가?	• 의료인 측 − 수술 중 과실(수술 중 문합을 제대로 하지 않아 출혈 발생함)
	시스템은 어떻게 결과에 영향을 끼쳤는가?	

5. 재발방지 대책

원인별 재발방지 사항 제안은 〈그림 12〉와 같으며, 각 주체별 재발방지 대책은
아래와 같다.

〈그림 12〉 외과 질적 12 원인별 재발방지 사항 제안

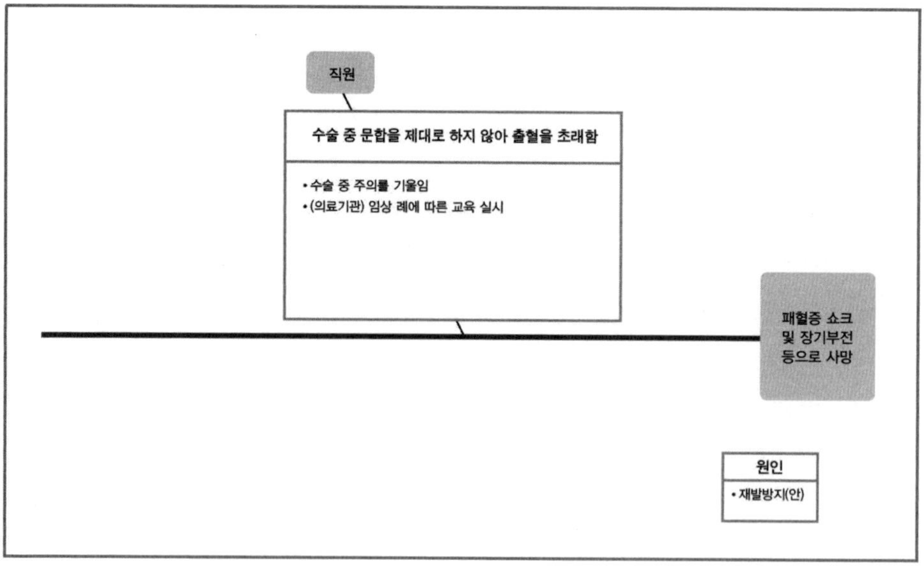

(1) 의료인의 행위에 대한 검토사항

수술을 마무리할 때 수술 부위의 문합을 제대로 하여 후유증이 발생되지 않도록 해야 한다.

(2) 의료기관의 운영체제에 관한 검토사항

의료인의 능력 함양을 위하여 임상 사례에 따른 교육을 실시하여야 한다.

| 참고자료 | 사건과 관련된 의학적 소견7)

1. 위암 수술 후 합병증

가톨릭 의과대학 D병원에서 조사한 바에 따르면 1971년 1월부터 1980년 12월까지 10년간 위암으로 수술한 환자 350명 중 합병증이 발생한 환자는 70명(20%)이었고, 그 중 합병증으로 사망한 환자는 3명(0.8%)이었다. 위암 및 소화성궤양으로 수술한 환자 763명 중 조기출혈이 발생한 환자는 17명(2.2%)이었는데, 대부분이 위공장문합부의 기술적 결함으로 발생하였고, 수술 후 즉시 출혈이 있었으며, 이러한 경우 혈액량을 유지하면서 대증요법을 실시하면 자연지혈이 된다.

2. 혈색소의 정상 수치

정상 성인 남성의 혈색소 수치는 보고자에 따라 다소 차이가 있으나, 13~18.5g/dL이다.

---

7) 해당 내용은 판결문에 수록된 내용입니다.

판례 13. 치핵제거수술 후 마취 부작용으로 인한 환자 사망_수원지방법원 안산지원 2010. 8. 26. 선고 2008가합327 판결

1. 사건의 개요

치핵제거수술을 시행한 환자가 수술 후 항문통을 호소하며 혈압 상승, 경련 및 대발작 등을 보였다. 두 번째 발작 시 응급구조기관에 연락하고 타병원 응급실로 전원하였으나 결국 사망한 사건이다[수원지방법원 안산지원 2010. 8. 26. 선고 2008가합327 판결].

날짜	시간	사건 개요
2007. 5. 22.		• 항문 통증을 호소하며 피고 병원에 내원(환자 1978. 10. 23.생, 사고 당시 29세, 여자) • 증상 검진 후 치핵제거수술 시행 결정 • 수술의 합병증(동통, 출혈, 항문협착, 소변곤란, 요도관 염증, 변비, 수술부위 감염, 피부이완, 점막탈락, 점막 외반증, 가폴립, 치루, 치열, 소양증, 식변, 재발)에 대해 설명함
	15:15경	• 국소마취제인 판토카인 스테릴주 4mg 투여하여 척추수마취 시행
	15:30경	• 치핵제거수술 시작
2007. 5. 22.	15:45경	• 수술 종료
	수술 후	• 회복실로 옮김
	16:20경~ 16:30경	• 항문통 호소
	16:30경	• 혈압 170/80mmHg로 상승. 경련 및 대발작 일으킴 = 진통제인 데메롤(염산페치딘) 1앰플 25mg을 투여. 수액 지속적으로 공급. 설압자를 이용하여 기도 유지함
	이후~ 17:10경	• 3차례 경련 및 대발작 일으킴
		• 두 번째 발작을 하자 응급구조기관에 연락함
2007. 5. 22.	16:50 내지 17:00경	• 사설 구급차량 도착. A병원 응급실로 후송

날짜	시간	사건 개요
2007. 5. 22.	17 : 22경	• A병원 응급실 도착 • 당시 의식은 무의식상태(comatous mentality), 산소포화도 73%, 혈압 60/40mmHg, 호흡 22회/분, 맥박 148회/분, 체온 38℃
	17 : 25	• 경련 내지 발작 일으킴 • 아티반(항경련제) 투여
	17 : 32	• 경련 내지 발작 일으킴 • 아티반(항경련제) 투여
	17 : 45	• 아티반(항경련제) 투여
	17 : 46	• 경련 내지 발작 일으킴
	17 : 48	• 아티반(항경련제) 투여
	17 : 53	• 아티반(항경련제) 투여
	18 : 31	• 데파킨(항경련제) 투여
	19 : 20	• 경련 내지 발작 일으킴 • 아티반(항경련제) 투여
	19 : 26	• 아티반(항경련제) 투여
	19 : 35	• 아티반(항경련제) 투여
	19 : 53	• 아티반(항경련제) 투여
	21 : 19	• 경련 내지 발작 일으킴 • 아티반(항경련제) 투여
	23 : 30경	• 의식상태 호전됨
2007. 5. 23.	00 : 40경	• 혈압 130/70mmHg, 호흡 25회/분, 맥박 140회/분, 체온 38. 1℃, 산소포화도 58%
	00 : 50경	• 산소포화도 97%로 상승
	06 : 20경	• 자발적 호흡함. 산소포화도 99~100%로 상승
	08 : 21경	• 머리를 양쪽으로 흔들고 눈이 위로 치켜떠지는 등 경련 다시 일으킴
	08 : 22	• 아티반(항경련제) 투여
	이후	• 상태가 다시 호전됨
2007. 5. 23.	12 : 45경	• 사망

날짜	시간	사건 개요
2007. 5. 23.		• 사망진단서 = 선행사인 간질지속상태, 중간선행사인 허혈성 뇌손상, 직접사인 호흡부전 • 부검 결과 = 수술 후 발작 증세를 보이면서 사망하였으나 사인으로 단정할만한 손상이나 질병이 보이지 않아 사인이 불분명하다고 진단

2. 법원의 판단

가. 국소마취제 투여 과정상 과실 유무: 법원 인정

(1) 원고 측 주장

피고 의사가 환자에게 수술을 시행함에 있어 마취전문의가 아님에도 마취를 직접 했으며 마취제의 종류를 알지 못하고 투여하였고, 국소마취제인 판토카인을 척수지주막하에 충분히 투여하지 못하였거나 마취제의 양을 적게 사용하였다. 또한 판토카인을 투여함에 있어 경과관찰을 제대로 하지 않았을 뿐만 아니라 진료기록지에 피고가 사용한 마취약의 종류 및 사용량, 망인의 징후 등에 대하여 자세히 기록하지 않았다.

(2) 피고 측 주장

판토카인이 환자의 체질적인 소인으로 인하여 분해가 제대로 이루어지지 않아 중추신경계의 독성이 초래되어 경련이 발생한 것이지, 투여상의 과실에 의한 것은 아니며, 마취전문의가 아니었으므로 마취기록을 하지 않은 것이다.

(3) 법원 판단

의사는 환자에게 판토카인 투여 시 문제가 없었는지에 대한 아무런 진단을 하지 않았고, 국소마취제를 투여하는 과정에서 안전용량보다 적은 용량을 투약하였다. 또한 환자의 혈압이 하강하였음에도 이를 적절히 관찰하지 않은 과실이 있어 환자의 경련 내지 발작에 어느 정도 기여하였을 것으로 인정된다. 진료기록감정 결과에 의하면 마취 직후의 혈압변화로 보아 마취상 과실이 없었을 것으로 보인다고 하는데 레지던트가 작성한 진료기록지에 의하면 환자의 마취 직후 수축기 혈압이 80torr까지 떨어졌던 것으로 보여 피고 의사가 작성한 진료기록지와 같이 마취 직후 환자의 혈압이 정상범위 내라고 단정하기 어렵다.

나. 수술 이후 조치 상 과실 유무: 법원 인정

(1) 원고 측 주장

환자에게 경련 내지 발작이 발생했을 때 의사가 신속하고 적절한 응급처치를 시행하지 않았다.

(2) 피고 측 주장

판토카인 마취를 하면서 모니터링 기계로 환자의 생체징후를 계속 확인하였고, 항경련제의 부작용이 발생하였을 때 마취과 전문의가 상주하지 않는 의원급 의료기관인 피고 병원에서 경련을 일으킨 환자에 대하여 섣불리 항경련제를 투여할 수는 없어 환자에게 산소공급을 하였다. 또한 A병원에서 16차례 항경련제를 투여하였음에도 경련 내지 발작을 진정시키지 못하였으므로 피고가 항경련제를 투여하지 않은 것을 과실이라고 할 수 없다.

(3) 법원 판단

환자가 2차 경련 내지 발작을 일으키자 피고 의사가 전원조치를 취한 것은 적절하였다고 보이나 마취 후 환자에게 경련 내지 발작이 지속되는 경우 의사로서는 그에 따른 이차적인 손상을 막기 위하여 항경련제를 투여하고 산소마스크를 사용하거나 기관 삽관 등의 방법으로 환자에게 원활한 산소공급을 유지하는 조치 등을 취했어야 한다. 그러나 의사는 환자가 약 40여 분 동안이나 4차례 경련 내지 발작을 일으켰음에도 항문통증에 대한 처치로서 진통제인 데메롤을 투여하고 설압자를 사용하여 망인의 기도를 유지하였을 뿐 항경련제의 투여나 산소마스크의 계속적인 사용 혹은 기도에 천공하여 기관을 삽관하는 등의 적절한 조치를 취하지 않은 채 환자를 이송한 과실이 있다고 인정된다. A병원에서 16차례 항경련제를 투여하였음에도 진정되지 않은 점은 인정하나 경련 초기단계에서 항경련제를 투여하지 않은 과실이 있다.

다. 설명의무 위반 여부: 법원 불인정

(1) 원고 측 주장

피고 의사가 국소마취로 인하여 일어날 수 있는 경련이나 통증 등 부작용에 대한 상세한 설명을 하지 않았다.

(2) 법원 판단

판토카인을 사용한 마취의 경우 경련 발생은 10,000건 중 1건의 확률로 발생하는 점을 고려하면 이에 대해 설명을 하지 않은 것이 당시의 의료수준에 비추어 상당하다고 생각되는 사항을 넘은 경우에 해당한다고 보인다.

3. 손해배상범위 및 책임제한

가. 의료인 측의 손해배상책임 범위: 50% 제한

나. 제한 이유

(1) 피고가 개인병원을 운영하는 의사로서 마취의 부작용을 예견하기란 쉽지 않았을 것이고, 환자에게 경련 내지 발작이 발생한 후 비교적 신속하게 전원하는 등 나름대로 최선의 조치를 하고자 노력한 점

(2) 판토카인은 임상에서 널리 사용되는 국소마취제로서 부작용이 발생할 확률이 낮은 점

다. 손해배상책임의 범위

(1) 청구금액: 306,259,570원
(2) 인용금액: 156,122,580원
  - 총 113,122,581원: (223,245,162원＋3,000,000원)×50%
    = 일실수입: 223,245,162원
    = 장례비: 3,000,000원
  - 위자료: 43,000,000원

4. 사건 원인 분석

의료진은 환자에게 수술 전 마취제 투여에 문제가 없는지 진단 및 검사를 하지 않았고, 안전용량보다 적은 용량을 투약하였다. 신장, 체중, 기왕력 외에 마취제의 용량을 결정하는 추가 고려요소와 결정 방법으로는 환자의 나이, 체격, 수술의 종류, 수술에 걸리는 시간, 수술시 체위가 있고 결정 방법은 마취과 의사의 임상경험에 따라 결정되는 경우가 많다는 자문의견이 있었다. 또한 마취제를 안전용량보다 적게 사용하였을 시에는 환자가 통증을 호소하여 수술 진행이 어려울 수 있고 안전용량보다 과다 투여 시에는 혈압강하, 서맥, 오심, 구토, 발작, 의식저하, 의식소실, 심정지, 사망 등의 부작용이 나타날 수 있다고 하였다.

의사는 경련의 초기 단계에 적절한 조치를 취하지 않았고 혈압 하강과 경련 및 발작이 지속되고 있음에도 원활한 산소공급을 유지하기 위한 조치를 취하지 않았다. 마취과 전문의가 상주하지 않는 의원급 의료기관이었기 때문에 마취를 마취과 전문의가 하지 못하였고, 마취기록지 또한 작성하지 못하였으며 경련을 일으킨 환자에 대하여 적절한 조치 또한 시행하지 못하였을 것이다. 자문위원은 현실적으로 의료수가가 수술원가, 전문 인력에 대한 투입 비용을 보전해주지 않기 때문에 1, 2차 의료기관에서 마취과 의사를 따로 고용하기 어렵다고 하였다(〈표 13〉 참조).

〈표 13〉 원인분석

분석의 수준	질문	조사결과
왜 일어났는가? (사건이 일어났을 때의 과정 또는 활동)	전체 과정에서 그 단계는 무엇인가?	- 수술 전 마취 단계
가장 근접한 요인은 무엇이었는가? (인적 요인, 시스템 요인)	어떤 인적 요인이 결과에 관련 있는가?	• 의료인 측 - 수술 마취 용량 결정 과실 - 마취 전문가 아닌 의료인이 마취 시행 - 응급상황 대처에 대한 능력 부족
	시스템은 어떻게 결과에 영향을 끼쳤는가?	• 법·제도 - 수술 원가 및 전문인력 투입에 대한 수가 문제

5. 재발방지 대책

원인별 재발방지 사항 제안은 〈그림 13〉과 같으며, 각 주체별 재발방지 대책은 아래와 같다.

〈그림 13〉 외과 질적 13 원인별 재발방지 사항 제안

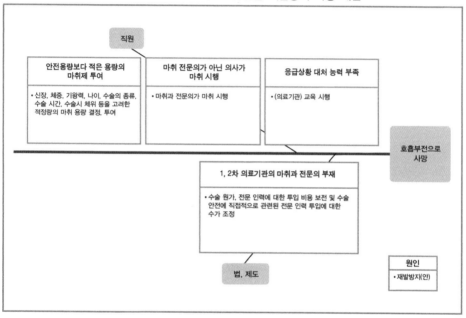

(1) 의료인의 행위에 대한 검토사항

수술 전 마취를 시행할 경우 환자의 신장, 체중, 기왕력, 나이, 수술의 종류, 수술 시간, 수술시 체위 등을 고려하여 적정량의 마취 용량을 결정하여 투여하여야 한다. 또한 마취과 전문의가 마취를 시행하도록 한다.

(2) 의료기관의 운영체제에 관한 검토사항

의료인의 응급상황 대처 능력을 함양하기 위한 교육을 주기적으로 실시한다.

(3) 국가·지방자치단체 차원의 검토사항

1, 2차 의료기관의 마취과 전문의의 부재에 대한 대책으로 수술 안전에 직접적으로 관련된 전문 인력 투입이 이루어질 수 있도록 수가를 조정하여야 한다.

‖ **참고자료** ‖　사건과 관련된 의학적 소견[8]

1. 판토카인

판토카인은 척추수마취제로 가장 많이 사용되는 약제인데, 작용발현이 빠르고 작용시간은 90－120분이며, 저비중액(증류수 혼합으로 0.1~0.15%), 등비중액(증류수 혼합 0.4%) 및 고비중액(5~8% 포도당 혼합)으로 사용할 수 있다. 가장 흔히 사용하는 방법으로는 1% 판토카인 20mg을 동량(2ml)의 5% 포도당 용액으로 혼합하여 척추수마취의 높이에 따라 필요한 양을 사용하는 것이다.

판토카인은 마취작용이 강하고 작용시간이 길며 전신 중독반응의 빈도도 높은데 이는 혈중에서 분해속도가 느린 것으로 설명된다. 척수마취 시 가장 많이 사용되고 있으며 비중을 증가시켜서 용액을 원하는 방향으로 빠르게 확신시키기 위하여 동량의 10% 포도당액을 첨가한다. 인두와 기관지의 표면마취에도 많이 사용되며 흡수가 빠르므로 치명적인 부작용을 나타낼 수 있다.

1995년 미국에서 발표된 보고에 의하면, 판토카인을 사용하여 국소마취를 하는 경우 다른 국소마취제(1,000건 중 1건에서 4건 정도의 확률로 경련이 발생)보다는 드물게 10,000건 중 1건의 확률로 경련이 발생된다고 보고되고 있다.

2. 척수마취의 관리와 합병증

척수마취의 초기에 나타나는 가장 흔한 합병증으로는 다소의 혈압하강이 있는데, 척수마취 후 거의 대부분 나타나나 수축기 혈압이 80torr 이하로 떨어지면 관상동맥, 뇌동맥부전증 환자는 특별히 위험하다. 척수마취 중 호흡억제 및 오심, 구토 등이 발생할 수도 있다.

척수마취를 한 경우 마취기록지에 환자의 활력징후를 기록하여야 하고, 국제적 기준으로 5분에 한 번씩 기록하도록 추천하고 있으며, 마취중 사용약제 및 사용량, 척수마취의 부위, 바늘의 크기, 마취가 된 분절(감각차단 분절)까지 기록하는 것일 일반적이다.

마취의 부작용은 통상 15분 내지 30분 이내에 발생하지만, 환자에 따라서는 2시간 이후에 부작용이 발생할 수도 있고, 외국에서는 척추마취 후 2~3시간 후 경련이 발생한 사례도 보고되고 있다.

---

8) 해당 내용은 판결문에 수록된 내용입니다.

3. 경련이 일어났을 때 조치

경련이 발생한 경우에 증상이 가벼우면 활력징후를 적절하게 유지하면서 관찰할 수도 있지만, 경련이 지속되는 때에는 경련에 따른 산소공급 장해로 인한 허혈성 뇌손상, 심폐기능 이상, 신체대사 이상 등의 이차적인 손상을 막기 위하여 항경련제를 투입하고, 아울러 활력징후를 적절하게 유지시키기 위하여 적절한 환기(기도유지와 산소공급)와 혈압유지가 중요하다. 특히 환자가 자발호흡이 없는 경우에는 기관튜브를 삽관하고 보조환기 혹은 인공환기를 해주어야 한다.

4. 데메롤(염산페치딘)의 용법

데메롤의 효능 및 효과는 ① 격렬한 동통시의 진통, 진정, 진경, ② 마취 전 투약, ③ 마취시의 보조, ④ 무통분만이다. 데메롤은 ① 간, 신장, 호흡기능 장애가 있는 환자, ② 뇌에 기질적 장애가 있는 환자, ③ 기관지 천식발작중의 환자, ④ 경련상태가 있는 환자 및 그 요인이 있는 환자 등에 대하여는 신중히 투여하여야 한다.

판례 14. 소장루상태 복원수술 이후 방광파열 등으로 인한 환자 사망_ 서울서부지방법원 2007. 10. 30. 화해권고결정 2005가합7085 판결

1. 사건의 개요

환자는 질과 항문사이에 원인을 알 수 없는 구멍이 생겨 질 쪽에서 대변찌꺼기가 나와 피고2병원에서 소장루 수술을 받고 퇴원하였다. 1년 3개월 후 피고2병원에서 소장루상태 복원수술을 받았으나 의료진은 구멍난 부위가 아물지 않아 수술을 중단하였다. 이후 환자는 피고2병원에서 소개받은 피고1의원에서 약 1년 2개월 후에 다시 소장루 상태 복원수술 및 대장루형성술을 받았다. 의사는 인공 항문을 넣을 수 없는 상태여서 소장 대신 대장을 밖으로 나오게 하였다고 설명하였다. 그런데 치료 중 방광이 파열되어 환자는 다시 피고2병원으로 전원되었다. 피고2병원에서 소장 연결 부위가 터진 것이 발견되어 이를 다시 연결하는 재수술을 시행했으나 이후 연결 부위가 다시 터지는 등 상태가 더 악화되었다. 의료진은 환자에 대해 패혈증, 파종성 혈액응고장애로 판단하여 보존적 치료를 시행하였다. 질 내 세척술, 지혈술을 시행했는데 혈액응고장애로 지혈이 잘 안 되는 상태로 수술이 종결되고 결국 환자는 사망하였다[서울서부지방법원 2007. 10. 30. 화해권고결정 2005가합7085 판결].

날짜	시간	사건 개요
2001. 12. 20.경		• 질과 항문사이에 원인을 알 수 없는 구멍이 생겨 질 쪽에서 대변찌꺼기가 나옴 • 생활상 불편하고 대변찌꺼기가 질 쪽으로 들어가게 되면 위생상 좋지 않아 피고병원에 내원(환자 1959년 생, 사고 당시 42세, 여자)
		• 의료진은 구멍난 곳을 치료하기 위해서는 질 쪽으로 이물질이 나오면 안 되므로 소장을 배로 빼어 팩으로 이물질을 받아내고 질과 항문사이의 구멍을 치료하는 방법으로 치료를 하겠다고 함 • 구멍난 곳이 아물면 다시 원래의 항문으로 변을 받아낼 수 있으므로 대변주머니가 필요 없다고 설명하고 수술 권유함
2001. 12. 24.		• 피고2병원에서 소장루 수술 시행

날짜	시간	사건 개요
2002. 1. 5.		• 퇴원
2003. 3. 3.경		• 피고2병원 재입원
2003. 3. 7.		• 소장루상태 복원수술을 계획하고 수술 시작 • 2-3시간 후 의료진들이 배를 열어본 후 구멍난 부위가 아직 아물지 않아 수술을 할 수 없어 그냥 배를 닫아놓았다고 함
		• 이상증상이 발현되었으나 피고병원 의사의 소개로 피고1의원으로 전원함
그 후		• 피고1의원에서 진료를 받음
2004. 5. 경		• 소장루상태 복원수술 및 대장루 형성술 시행
	수술 후	• 집도의가 '배를 열어보니 장의 유착이 너무 심해 인공항문을 넣을 수 없는 상태여서 밖으로 나왔던 소장을 집어넣고 대장을 밖으로 나오게 했'고 하면서 보호자에게 소장보다는 대장이 삶의 질을 높인다고 말함
2일 후		• 간호사가 소변줄을 뺀 후 소변을 마려워서 누는 것이 아니라 아무런 감각도 없이 소변이 줄줄 새게 됨
		• 간호사가 다시 소변줄을 끼우려고 시도하였으나 불가능하였음
다음 날		• 집도의가 소변줄을 끼우려고 시도하였으나 불가능하였음 • 질 쪽을 검사해야 한다고 함
		• 마취시킨 후 수술실로 데려감
		• 20분 정도 검사 시행
		• '방광에 구멍이 났다. 우리병원에서는 기계가 없어서 자세히 볼 수 없으니 피고병원으로 가라'고 말함 • 보호자들이 소변이 새는 이유를 묻자 수술을 하면서 방광을 잘못 건드린 것 같다고 대답함
2004. 5. 24.경		• 피고2병원으로 다시 전원함
		• 비뇨기과 담당교수는 오지 않고 인턴들만 와서 소변줄만 자꾸 끼웠다 뺐다하면서 원인이 무엇인지 모르겠다고 함
2004. 5. 25.	새벽	• 배에서 이상한 색깔의 액체가 줄줄 새는 것을 발견 = 의료진들은 수술한 소장연결부위가 터졌다고 말함
		• 담당 교수가 터진 소장을 다시 연결하고 새고 있는 소변줄도 다시 연결하는 재수술 시행

날짜	시간	사건 개요
일주일 미만 경과 후		• 소장이 다시 터지고 수술하기 전보다 상태가 더 악화됨
그 후		• 소변 볼 때마다 온몸에 바늘을 꽂듯 식은 땀을 흘리며 5~10분 간격으로 진저리를 치며 차라리 죽고 싶다면서 움 • 배에 대변을 받아낼 수 있는 인공항문팩을 두 군데나 달고 있고 소변은 소변줄로 나오지 않아 기저귀를 항상 차고 있어야 함 • 소변이 아니라 핏덩어리가 나오고 있어 쇼크를 막기 위하여 피고2병원을 퇴원하지 못하고 매일 혈액 및 혈청주사를 4통씩 맞음
2005. 1. 13.		• 이전에 수술 계획이 있었으나 파종성 혈액응고 장애, 패혈성 쇼크의증으로 보존적 치료 시행으로 수술 지연됨
2005. 2. 14.		• 혈변, 혈뇨, 범혈구 감소증, 패혈증, 파종성 혈액응고 장애로 판단하여 보존적 치료 시행
2005. 3. 24.		• 국소마취하에 질 내 세척술, 지혈술 시행 • 혈액응고장애로 지혈이 잘 안 되는 상태로 수술 종결
2005. 4. 17.		• 사망 = 패혈증 및 파종성 혈액응고장애에서 급성 호흡곤란 부전증 및 간부전으로 진행되어 사망

2. 법원의 판단

가. 피고1의원의 과실

(1) 원고 측 주장

의료진으로서는 입원한 원고가 안전하게 회복될 수 있도록 최선의 주의의무를 다하여야 함에도 이를 게을리하여 환자에 대한 대장루상태 복원수술 중 방광을 잘못 건드리게 되었고 이로 인해 영구적인 배변장애와 방광 파열에 이르게 한 과실이 있다. 또한 심각한 배뇨장애가 발생하여 치명적인 상태에 있는 환자를 다시 피고2병원으로 전원시켰다. 의료진으로부터 수술에 관한 설명을 들은 바가 없으며 그래서 수술 동의서에 보호자의 서명이 없다.

(2) 피고 측 주장

수술에 대하여 '직장질루 및 직장협착의 수술적 치료가능 여부는 상처를 열어보아야 알 수 있으며 열어보았을 때 불가능할 수도 있다는 점 등에 대해 충분히 설명한 후 환자와 딸의 동의를 얻어 수술을 시행하였다.

나. 피고2병원의 과실 여부

(1) 원고 측 주장

환자에 대한 회장루상태 복원수술을 실패하여 환자를 영구적인 배변장애상태에 이르게 하였고, 상태가 악화된 환자를 상급병원으로 전원시켜야 함에도 하급병원인 의원(피고1의원)으로 전원시키는 등의 과실을 범하였다. 또한 환자가 방광파열로 인한 심각한 배뇨장애가 발생한 상태에서 다시 피고2병원으로 전원될 당시에 피고병원 의료진은 정밀검사를 시행하거나 진단이 어려울 경우 상급병원으로의 전원조치 등 즉각적인 조치를 취해야 함에도 증상의 원인조차 밝혀내지 못한 채 경과관찰만 하면서 사망 전까지도 전원조치를 취하지 않고 시간을 지연시켜 상태를 더욱 악화시켰다. 대한의사협회의 감정촉탁회신에 따를 때 보존적 치료 결정은 근거자료 등이 부족함에도 불구하고 피고2병원은 보존적 치료만을 시행하여 수술을 지연하였고 별다른 수술요법이나 처치 없이 시간만 보내다 사망에 이르게 하였다.

환자는 피고2병원에 입원하여 수술받기 전에는 질과 항문사이에 생긴 구멍을 통해 불순물이 나오는 정도의 건강한 상태였으나 피고2병원과 피고1의원에 입원하여 대장루 수술을 포함한 여러 차례의 재수술을 받은 이후 극심한 배변장애와 배뇨장애를 겪게 되었다.

3. 손해배상범위 및 책임제한

가. 손해배상책임의 범위

(1) 청구금액: 140,000,000원 → 139,060,232원[9]

(2) 화해결정권고 금액: 15,000,000원[10]

4. 사건 원인 분석

환자의 대장루상태 복원수술 시행 중 의사가 방광을 잘못 건드려 파열되었다. 또한 환자가 다시 피고2병원에 전원된 후에도 비뇨기과 담당교수가 진료하지 않았고 검사를 시행하지 않았다. 이에 대하여 자문위원은 환자의 장유착이 심한 상태에서 소장루를 복원하고 대장루를 형성하는 경우, 환자의 전신상태가 양호하지 않고 수술 후 오랜 장 마비가 진행되었다면 소장루 복원술 부위에 수술에 의한 합병증이 발생할 가능성이 높아진다고 하였다. 또한 직장 질 누공으로 장루를 형성한 뒤 복원술을 준

〈표 14〉 원인분석

분석의 수준	질문	조사결과
왜 일어났는가? (사건이 일어났을 때의 과정 또는 활동)	전체 과정에서 그 단계는 무엇인가?	- 수술 전 환자 사정 단계 - 수술 전 설명 단계 수술 시행 단계
가장 근접한 요인은 무엇이었는가? (인적 요인, 시스템 요인)	어떤 인적 요인이 결과에 관련 있는가?	• 의료인 측 - 수술 전 환자 상태 확인 미흡 - 수술 전 설명 미흡 의료기관 내: 전원 시 의료기관 간의 정보공유/ 의사소통 부재
	시스템은 어떻게 결과에 영향을 끼쳤는가?	

---

9) 환자가 사망하여 청구취지를 변경함.

10) 피고2병원에 대한 결정. 피고1의원에 관한 결정사항 없음.

비하는 경우에는 수술 전 대장조영술과 직장내시경을 통해 직장 질 누공이 회복되었
는지 반드시 확인을 한 후 복원술을 진행하여야 한다고 하였다. 또한 소장루 복원술
시행 후 소장이 다시 터진 상태라면 다시 문합하여도 파열될 가능성이 높아 수술 전
이러한 상황이 발생할 가능성을 충분히 설명하여 환자 및 보호자에게 이를 납득시키
는 것이 중요하다고 하였다(〈표 14〉 참조).

5. 재발방지 대책

원인별 재발방지 사항 제안은 〈그림 14〉와 같으며, 각 주체별 재발방지 대책은
아래와 같다.

〈그림 14〉 외과 질적 14 원인별 재발방지 사항 제안

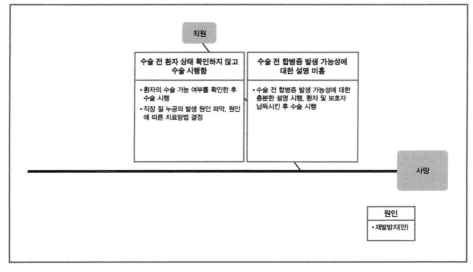

(1) 의료인의 행위에 대한 검토사항

환자에게 수술을 시행하기 전에 환자를 면밀히 관찰하고 확인하여 수술 시행이
가능한 상태인지 판단하여야 한다. 또한 환자에게 직장 질 누공이 있을 경우, 직장
질 누공의 발생 원인을 파악하여 원인제거 및 원인에 따른 치료방법을 결정하여야
한다.

환자에게 수술로 인한 합병증의 발생 위험이 높을 경우에는 수술 전 합병증 발생의 가능성에 대해 환자와 보호자에게 충분히 설명하여 이를 납득시킨 후에 수술을 시행하여야 한다.

제4장

경과관찰 관련 판례

경과관찰 관련 판례

판례 15. 갑상선 제거 수술시 신경손상으로 인한 성대마비 사건_광주 고등법원 2006. 3. 15. 화해권고결정 2005나8124

1. 사건의 개요

전신 무력감, 체중감소, 식욕부진 등 증상을 호소하는 환자가 갑상선기능항진증과 갑상선비대증으로 진단되어 약물치료를 받아왔다. 그러다 수년 후 증상이 악화되어 피고 병원 의사의 권유로 갑상선절제수술을 받았다. 수술 후 환자는 심한 호흡곤란과 통증으로 중환자실 치료를 받았으며 목소리 변화와 물 마실 때 흡인이 있다고 호소하였다. 의사는 신경손상 가능성을 설명했으며 증세가 호전되어 퇴원하였다. 이후 환자는 피고 병원으로부터 양측성 성대마비 의증을 진단받았으며 다른 의료기관에서 성대마비의 진단을 받았다[광주지방법원 2005. 8. 16. 선고 2003가합9188 판결. 광주고등법원 2006. 3. 15. 선고 2005나8124 화해권고결정].

날짜	시간	사건 개요
1992. 3. 20.		• 전신 무력감, 체중감소, 식욕부진 등의 증상을 호소하여 피고 병원 내원(환자 1955. 12. 15.생, 사고당시 44세, 여자) • 진단: 갑상선기능항진증, 갑상선비대증 • 약물치료 진행
1994. 11. 27.		• 전신 무력감, 체중감소, 식욕부진 등 증상 심해 피고 병원 입원

날짜	시간	사건 개요
1994. 11. 27. ~ 1994. 11. 28.		• 갑상선절제수술 고려하였으나 수술 후 위기상황 발생 가능성이 높아 수술시행 보류 및 퇴원 후 항갑상선제 투여 결정
1998. 12. 11.		• 갑상선기능검사 시행 = 결과: 타이로닌(T3RIA) 225.6μg/dl, 갑상선자극호르몬(TSH) 0.5μ IU/ml, 유리 타이록신(FreeT4) 0.91μg/dl
1998. 1. 19.		• 갑상선절제수술 권유
1999. 1. 26.		• 수술 위해 입원
(일시 미기재)		• 수술 설명 시행: 1시간 정도 걸리는 간단한 수술이고 수술 후유증으로 갑상선 및 부갑상선 기능저하증의 발생가능성에 대하여만 설명
1999. 1. 27.	15 : 10	• 전신마취 시작
	~ 20 : 30	• 갑상선아전절제술 시행: 갑상선 좌엽 전부 제거, 우엽 일부 남김 = 갑상선 양측엽에 각각 5cm x 5cm의 단단한 낭종성 종괴 있었음 = 출혈량: 900cc
1999. 1. 27.		• 수술 후 삽관 제거 시부터 심한 호흡곤란과 수술부위 통증 호소
1999. 1. 28.	09 : 00	• 중환자실 치료, 호흡곤란에 대한 치료로 흡입용 기관지 확장제 투여
1999. 1. 30.		• 목소리가 잘 나오지 않는다고 호소 • 수술과정에서의 일부 신경손상 가능성 설명
1999. 2. 1.		• 목소리 변화와 물 마실 때 흡인 있다고 호소 • 신경손상 가능성 설명
1999. 2. 5.		• 증세 호전되어 퇴원
~ 2000. 3. 13.		• 가끔 내원하여 약물치료 및 갑상선기능검사 받음
2000. 3. 13.		• 이비인후과 협의진료 실시, 후두경을 통한 성대검사 시행 = 검사결과: 양측간 성대간격 3 - 5mm = 진단: 양측성 성대마비 의증
(일시 미기재)		• 호흡곤란 증상 호소로 치료를 받아 옴
2001. 10. 30.		• 호흡곤란 증상에 대한 검사 및 치료를 위해 다른 의료기관 내원 = 진단: 성대마비

2. 법원의 판단

가. 수술 시행 결정의 과실 여부: 법원 불인정

(1) 원고 측 주장

의사는 수술로 인한 회귀후두신경 손상 위험을 충분히 알 수 있었고, 수술을 받지 않더라도 생활에 별다른 지장이 없는 등 수술이 반드시 필요한 상황이 아니었다. 또한 수술 이외의 다른 치료방법으로 방사성요오드요법을 시행할 수 있었음에도 의료진이 무리하게 수술을 시행한 잘못이 있다.

(2) 피고 측 주장

환자는 갑상선기능항진증이 심하여 수술이 필요한 상태였고, 갑상선절제수술이 방사성요오드요법보다 비교적 부작용이 적어 의료진이 수술을 선택한 것은 적절하였다.

(3) 법원 판단

사건 수술을 시행할 당시 수술의 필요성이 없었다거나 이 사건 수술 자체가 합리적인 재량의 범위를 벗어나 부적절한 진료방법을 선택한 것이라고 볼 수 없다.

나. 수술과정 및 수술 후 치료과정상의 과실 여부: 법원 인정

(1) 원고 측 주장

수술이 있은 1999. 1. 27.보다 약 50일 이상이 앞선 시점에서 시행한 갑상선기능검사결과의 수치를 기준으로 수술여부를 결정한 것은 잘못이다. 또한 수술을 함에 있어 반회후두신경을 포함한 경동맥, 경정맥, 상후두신경, 기도, 후두, 식도 등의 구조물을 손상 없이 절제해야 하는 주의의무를 다하지 못하여 수술 도중 환자의 반회후두신경을 손상시켰고, 수술 당시 신경자극기나 현미경으로 신경손상 여부를 확인해야 함에도 이를 게을리하고, 신경접합술도 시행하지 않는 등 환자를 방치함으로써 성대마비 증상의 발생과 악화를 초래하였다.

(2) 피고 측 주장

수술과정에서 신경을 손상하였다고 하더라도 이는 수술과정상 불가피한 견인손

상에 불과하다. 또한 이 사건 수술 당시 육안으로도 반회후두신경의 식별이 가능하여
굳이 신경자극기나 현미경을 사용하여 신경을 식별하거나 신경접합술을 시행할 필요
가 없었다. 그리고 환자는 1984년경부터 기관지천식의 기왕증이 있던 환자이므로 이
사건 수술 후 호소한 호흡곤란 증상은 위 기관지천식의 기왕증에 기인한 것일 뿐 이
사건 수술과는 무관하다.

(3) 법원 판단

의료진이 수술시행 과정에서 환자의 반회후두신경을 손상시켰을 뿐만 아니라
수술 후 신경손상을 인식하고도 자연치유를 예상하고 아무런 조치를 취하지 아니하
고 방치함으로써 성대마비 증상의 발생과 악화를 초래하였다고 보는 것이 적절하다.
의료진이 신경을 육안으로 식별하여 이를 보존하였다고 보기 어렵다. 그리고 성대마
비는 이 사건 수술 이후에 수술 부위에서 발생한 것으로 성대마비가 발생할 다른 이
유가 보이지 않는다. 또한 환자에게 성대와 관련된 아무런 병력이 없었으며, 이 사건
수술 이외의 원인에 의하여 현재와 같은 성대마비가 발생할 가능성이 매우 낮다고
보여진다.

다. 설명의무위반 여부: 법원 인정

(1) 원고 측 주장

의료진은 이 사건 수술 당시 수술의 결과로 성대마비와 같은 후유증이 발생할
수 있다는 사실을 전혀 설명해 준 바가 없다. 또한 방사성요오드요법으로도 치료가
가능하다는 점에 대한 설명도 전혀 하지 않았다.

(2) 피고 측 주장

수술 전에 수술의 내용과 위험성에 대하여 설명하였고, 수술 후 신경손상과 그
에 따른 목소리변화 등의 후유증이 발생할 수 있음을 설명하였다. 방사성요오드요법
은 부작용이 많고 현실적으로 거의 시행하지 않고 있는 치료방법이므로 이에 대한
설명은 하지 않았다.

(3) 법원 판단

의료진은 환자 측에게 1시간 정도 걸리는 간단한 수술이고 수술 후유증으로 갑

상선 및 부갑상선 기능저하증의 발생가능성이 있다는 점만 설명하였을 뿐 신경손상
이나 성대마비 등의 후유증이 생길 수 있다는 점에 대하여는 충분한 설명을 하지 않
은 사실이 인정된다.

3. 손해배상범위 및 책임제한

가. 의료인 측의 손해배상책임 범위: 40% 제한(제1심)

나. 제한 이유

(1) 이 사건 수술 당시 어느 정도 수술이 필요한 상태였던 점

(2) 일반적으로 갑상선절제수술의 경우 수술부위에서 신경손상이 발생할 위험
이 매우 높고, 특히 이 사건 수술은 출혈이 많고 시야확보가 어려워 수술 과정에
서 신경에 전혀 손상을 주지 않고 수술을 시행하는 것이 매우 어려웠을 것으로 보이
는 점

(3) 환자가 2000. 3. 13. 피고 병원에서 성대마비의증 진단을 받고도 2001. 10.
30.까지 이에 대한 치료를 적극적으로 받지 않은 점

다. 손해배상책임의 범위

(1) 제1심

① 청구금액: 132,839,800원

② 인용금액: 39,794,996원

  − 일실수입: 34,794,996원(86,987,491원의 40%)

  − 위자료: 5,000,000원

○ 항소심(화해권고결정)

① 청구금액: 132,839,800원

② 화해권고결정 금액: 39,794,996원

4. 사건 원인 분석

갑상선기능항진증 진단을 받아 갑상선아전절제술을 시행한 환자가 수술 후 호흡곤란과 수술부위 통증을 호소하였고, 이후 성대마비 진단을 받은 사건이다. 이 사건과 관련된 문제점 및 원인을 분석해본 결과는 다음과 같다.

첫째, 수술 전 설명 단계에서 문제가 있었다. 즉 성대마비와 같은 후유증이 발생할 수 있다는 사실과 방사성요오드요법으로 치료가 가능하다는 점을 설명하지 않았다. 이에 대해 자문위원은 여러 가지 치료 방법이 있을 때 의료인은 각 방법의 장단점을 설명하고, 마지막 결정을 해야 할 때 환자의 이해 여부를 확인하여야 하며 환자의 의견을 청취하는 것이 좋다고 하였다. 또한 수술의 주요 위험성 및 발생 가능한 부작용에 대해 수술 전 동의서에 명문화하는 것이 필요하다는 자문의견이 있었다. 표준 질환, 표준 수술의 경우 간단한 책자를 마련하여 위험성 및 부작용에 대해 설명해 두고 수술 예정 환자에게 이 책자를 배포하면 환자가 여러 번 읽어보며 이해도를 높일 수 있고, 합병증 발생 시 환자가 조기에 발견할 수 있다고도 하였다.

둘째, 수술 단계와 수술 후 관리 단계에서 문제가 있었다. 의료진은 수술 때 발생한 신경손상에 대해 인식하고도 적절한 조치를 취하지 않았다. 의료인 측이 주장하는 바와 같이 수술과정에서 발생한 신경 손상이 불가피한 견인손상이었더라도 수술 후 신경손상 여부를 좀 더 빨리 확인했다면 환자 측의 피해를 좀 더 줄일 수 있었을 것이다. 자문위원은 만일 수술 중 육안으로 신경 손상을 확인하지 못했더라도 수술 후 음성 변화, 사레들림, 호흡 곤란 등으로 성대마비를 의심할 수 있다고 했다. 또한 증상이 미미하거나 없더라도 후두경으로 관찰 시 성대마비가 관찰되는 경우도 있다고 하였다. 육안으로 보이는 손상이 없었던 경우 대부분 성대마비는 일시적이며, 자연치유로 6개월 이내에 회복이 되기 때문에 환자의 불편감이 심하지 않다면 경과관찰을 하고 만약 환자의 애성, 사레들림이 심할 경우에는 6개월 이내라도 갑상연골성형술을 시행할 수 있지만 이 경우 오히려 음성의 질이 떨어질 수 있기 때문에 흔하게 시행하지는 않는다고 하였다. 본 사건의 경우 의료진이 수술 후 신경손상을 인식한 다음에 자연치유를 예상하고 아무런 조치를 취하지 않고 방치했던 것이 성대마비 증상의 발생과 악화를 초래했다고 생각된다. 그리고 만약 의료기관이나 국가 단위로 의증 환자를 관리하는 체계를 갖추고 관찰 기간 및 관리에 대한 프로토콜을 개발할 필

〈표 15〉 원인분석

분석의 수준	질문	조사결과
왜 일어났는가? (사건이 일어났을 때의 과정 또는 활동)	전체 과정에서 그 단계는 무엇인가?	- 수술 전 환자 사정 단계 - 수술 전 설명 단계 - 수술 시행 단계 - 수술 후 환자 관리 단계

가장 근접한 요인은
무엇이었는가?
(인적 요인, 시스템
요인)
	어떤 인적
	요인이 결과에
	관련 있는가?
		• 의료인 측
		- 수술 전 환자 상태 파악 미흡(수술 전 환자의 성대
		  상태를 확인하지 않음)
		- 수술 전 설명 미흡(수술 전 수술의 위험성 및 부작용
		  에 대한 설명과 다른 치료방법 적용이 가능함을 설명
		  하지 않음)
		- 수술 중 과실(수술 중 신경손상을 가함)
		- 수술 후 환자 관리 소홀(이상증상 호소에도 조치를
		  취하지 않음)

	시스템은 어떻게
	결과에 영향을
	끼쳤는가?
		• 의료기관 내
		- 설명 관련 자료 부족(수술에 대한 주요 합병증에 관
		  한 사항이 기재된 설명서의 양식 부재, 수술의 위험성
		  및 부작용에 대한 안내 책자 부재)
		• 법·제도
		- 설명 관련 자료 부족(설명서 양식, 다빈도 표준 질환
		  및 수술 관련 책자 부재)
		- 퇴원 환자 관리 소홀(수술 후 관칠 기간 및 관리에
		  대한 프로토콜 부재)

요가 있다는 자문의견이 있었다(〈표 15〉 참조).

5. 재발방지 대책

원인별 재발방지 사항 제안은 〈그림 15〉와 같으며, 각 주체별 재발방지 대책은 아래와 같다.

〈그림 15〉 외과 질적 15 원인별 재발방지 사항 제안

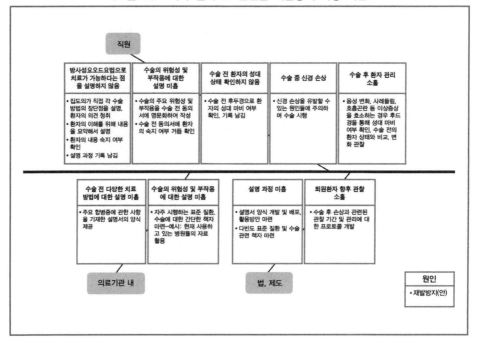

(1) 의료인의 행위에 대한 검토사항

여러 가지 치료방법이 있을 시 집도의가 직접 환자에게 각 방법의 장단점을 설명해야 한다. 그리고 환자의 내용 숙지 여부를 확인하고 환자의 의견을 청취해야 한다. 또한 수술의 위험성 및 부작용 등에 대한 설명 과정을 기록으로 남겨야 한다.

본 사건과 같은 수술의 경우 수술 전에 환자의 성대마비 여부를 확인한 후 기록으로 남겨야 하며 신경 손상을 유발할 수 있는 원인들에 주의하며 수술을 시행하여 신경손상을 예방할 수 있도록 한다. 수술 후 환자가 음성 변화, 호흡곤란 등 이상증상을 호소하는 경우에는 후두경을 통하여 성대 마비의 여부를 확인하며 수술 전의

환자 상태와 비교하여 변화를 관찰하여야 한다.

(2) 의료기관의 운영체제에 관한 검토사항

수술 전 적절한 설명이 이루어질 수 있도록 주요 합병증 등에 대한 상세한 설명이 담긴 설명서 양식을 제공하고, 표준 질환과 자주 시행되는 수술에 대한 간단한 책자를 마련해 비치해 둘 필요가 있다. 이를 위해 현재 임상에서 사용하고 있는 여러 병원들의 자료를 참고하고 활용할 수 있다.

(3) 학회·직능단체 차원의 검토사항

의료기관에서의 용이한 설명을 위해 설명서 양식을 개발하고 각 의료기관에 배포하여 이를 활용할 수 있도록 한다. 또한 다빈도의 표준 질환 및 수술에 대한 안내 책자를 마련하여 배부한다. 수술 후 적절한 환자 관리를 위하여 환자 관찰 기간 및 관리에 대한 프로토콜을 개발하여야 한다.

┃ 참고자료 ┃ 사건과 관련된 의학적 소견[1]

1. 갑상선기능항진증

갑상선기능항진증은 일반적으로 운동 중 호흡곤란, 신경과민, 정서 불안정, 피로 및 전신쇠약을 동반한다. 치료의 주요 방향은 갑상선에서 생성하는 갑상선호르몬의 양을 제한하는 것으로서 치료방법은 크게 항갑상선제의 투여, 방사성요오드요법, 갑상선절제수술로 나눌 수 있다. 이중 방사성요오드요법은 갑상선기능항진증에 대한 효과적인 치료가 될 수는 있으나, 방사선피해 우려와 갑상선기능저하증의 합병 빈도가 높아 일반적으로 갑상선절제수술을 더 선호하는 경향이 있다.

갑상선절제수술은 수술 후 후유증 없이 회복되면 이후 일상생활에 지장이 없으며, 갑상선 아전절제술의 위험으로는 즉시형 후유증으로 마취사고, 출혈로 인한 기도폐쇄, 반회 후두신경의 손상으로 인한 성대마비 등이 있고, 지연형 후유증으로는 감염, 출혈, 부갑상선기능저하증, 갑상선기능저하증 등이 있다.

갑상선 질환으로 인하여 성대가 마비될 가능성으로는, 양성종양이나 그레이브씨병과 같은 양성 질환의 경우 병변으로 인하여 직접적으로 신경 마비가 올 가능성은 거의 희박하며, 대개는 종양의 제거, 편엽절제술, 갑상선아전절제술 등을 행하는 도중 신경에 대한 의인적 손상으로 인하여 발생하는 경우가 많다. 갑상선절제술 과정에서 생기는 신경손상의 가능성을 최소화하기 위해서는 수술 전에 갑상선으로 가는 혈류량을 감소시키고 갑상선의 부피를 줄이는 조치를 적절하고 충분한 기간 동안 시행하는 것이 중요하다.

---

1) 해당 내용은 판결문에 수록된 내용입니다.

판례 16. 충수돌기절제술 시행 이후 발생한 S자 결장의 폐색과 괴사_ 서울남부지방법원 2007. 10. 4. 선고 2006가합10416 판결

1. 사건의 개요

복통을 호소하며 내원한 환자가 급성 충수돌기염으로 진단받아 충수돌기절제술을 시행 받았다. 수술 후 환자는 발열, 복부팽만, 복통, 백혈구 수치 증가, 혈변의 증상을 보였고 열흘이 지나 S자 결장경을 시행한 결과 S자 결장의 폐색과 괴사가 관찰되었다. 응급 수술을 시행하여 폐색과 교액성 변화를 보이는 S자 결장의 30cm를 절제 후 남은 장을 연결하였고, 일시적 장루 조성술을 받았다. 3개월 후 장루 복원 수술을 받았다[서울남부지방법원 2007. 10. 4. 선고 2006가합10416 판결].

날짜	시간	사건 개요
2004. 10. 22.	22 : 00	• 복통 호소, 병원 내원 = 혈액검사, 소변검사, X선 촬영검사 결과 급성 충수돌기염으로 판단
2004. 10. 23.	03 : 50~07 : 45	• 충수돌기절제술 시행 = 충수돌기가 맹장 뒤편에 위치해 있고 염증이 심해 맹장 주위에 고름 주머니를 형성하고 있었으며, 부분적 천공으로 인하여 맹장과 주변 조직 간의 유착이 매우 심하여 맹장에서 충수돌기를 박리하는데 어려움이 있었음 = 수술 전, 수술과 관련한 출혈, 감염, 통증, 전신마취에 의한 합병증, 수술 중 돌발상황 등에 관하여 설명을 받았음
2004. 10. 24.	(시간미기재)	• 체온은 38.0~38.4도, 복부팽만 증상이 있음. 백혈구 수치 10800
2004. 10. 25.	(시간미기재)	• 체온은 37.4~40도까지 올라가고, 복부팽만과 복통증상이 있으며, 백혈구 수치 13200
	21 : 00	• 항문으로 출혈이 발견됨
2004. 10. 26.	(시간미기재)	• 열, 복부팽만 증상 계속됨
	10 : 00	• 복부 전산화단층촬영 결과: S자 결장 끝부분에 수술 후 장유착에 의한 불완전한 장폐색 소견 및 주위 염증으로 인한 체액의 저류 소견이 관찰되었음

날짜	시간	사건 개요
2004. 10. 26.	(시간미기재)	• 가스배출 되었으나, 혈변이 나옴. 경과 관찰 및 보존적 치료를 하기로 결정함
2004. 10. 27.	(시간미기재)	• 열은 떨어지고 백혈구수치 11600, 복부팽만 지속되어 저녁 무렵 비위관 삽입함. 혈변
2004. 10. 28.	(시간미기재)	• 비위관이 빠져서 재삽입하려고 하였으나 원고가 원하지 않아 항문자극법을 시행하였고 가스가 배출되었음. 백혈구 수치 정상 회복
2004. 10. 29.	(시간미기재)	• 혈변이 나옴. 의료진은 충수돌기절제부분에서 나온 것으로 판단하고 계속 관찰하기로 함. 백혈구수치 7100, 체온 37.1도로 측정됨
2004. 10. 30.	(시간미기재)	• 복부 팽만 계속되어 항문자극법을 시행하면서 관찰함
2004. 11. 1.	(시간미기재)	• 백혈구수치 8600, 복부가 팽만되고 가스 배출되지 않음. 혈변이 나옴
2004. 11. 2.	(시간미기재)	• 저녁부터 장음이 증가되기 시작하고, 복통으로 잠을 자기 어려운 상태. 가스 배출되지 않음. 혈변이 나옴
2004. 11. 3.	(시간미기재)	• 장음이 증가되고 가스배출이 되지 않으며 백혈구 수치 증가되어 S자 결장경 시행 = S자 결장경 시행 결과 S자 결장의 폐색과 괴사가 관찰되어, 원고측에 교액성 장폐색(폐색이 지속되면 혈류 공급이 원활하지 않아 장이 썩는 현상)으로 인한 장절제 가능성, 유착 박리 가능성, 밴드 풀기(lysis) 가능성에 대하여 설명하고 수술 동의를 받음
	15 : 30~21 : 25	• 응급 수술 시행 = 개복한 결과 골반강 내로 과도하게 긴 S자 결장이 꼬여서 박혀있고, S자 결장은 주변 조직과 심하게 유착되어 있었으며, 주변의 지방과 섬유 조직 등이 괴사되어 있었음 = 박혀있는 장의 상부에 있는 팽창된 장에서 가스와 분비물을 제거한 후 폐색과 교액성 변화를 보이는 S자 결장 30cm(일부 직장 포함)를 절제하고 남은 장을 연결하였음 = 사전처치를 하지 못한 상태에서 대장 절제술을 실시한 후 절제한 장 주변부에 염증과 괴사성 변화들이 심하게 동반하는 경우, 장 연결부의 세균 감염을 막고 상처 회복을 위해 일시적으로 대변을 외부로 배출하는 장루를 만드는 것이 안전하므로 일시적 장루 조성술을 시행

날짜	시간	사건 개요
2004. 11. 4.	(시간미기재)	• 대변 정상적으로 배출
2004. 11. 5.	(시간미기재)	• 식사 시작
2004. 11. 12.	(시간미기재)	• 퇴원
2004. 11. 18.	(시간미기재)	• 복부통증 호소 재입원
2004. 11. 22.	(시간미기재)	• 퇴원
2005. 2. 14.	(시간미기재)	• 장루복원수술을 위해 입원
2005. 2. 16.	10:00~14:30	• 장루복원수술 시행
2005. 2. 17.	(시간미기재)	• 가스 배출
2005. 2. 19.	(시간미기재)	• 식사 시작
2005. 2. 28.	(시간미기재)	• 퇴원

2. 법원의 판단

가. 1차 수술 과정에서의 과실 여부: 법원 불인정

(1) 원고 측 주장

1차 수술과정에서 S자 결장의 이상을 발견하지 못하였거나 충수돌기절제술 도중 S자 결장을 잘못 건드린 과실이 있다.

(2) 법원 판단

의료진이 충수돌기절제술 도중 S자 결장을 건드렸다거나 S자 결장의 이상을 발견하지 못한 과실이 있다고 볼 증거가 없다.

나. 경과관찰 과정에서 과실 여부: 법원 인정

(1) 원고 측 주장

S자 결장의 괴사로 항문으로 지속적인 출혈이 있었음에도 의료진은 이를 간과하고 수술 후 11일째에 이르러서야 이를 발견하였다. 그동안 S자 결장이 심하게 괴사되어 이 사건 2차 수술 및 3차 수술에 이르게 되었다.

(2) 피고 측 주장

충수돌기절제술 후 합병증으로 발생한 장유착으로 인한 불완전한 장폐색 소견에 대하여 지속적인 관찰, 혈액검사 및 X선 촬영검사, 수액 및 항생제 투여, 비위관 삽입 등의 보존적 조치를 취하였다. 출혈은 충수돌기절제술 부위에서 발생한 것으로 S자 결장의 괴사와는 관계가 없다.

(3) 법원 판단

수술 후 2일째인 2004. 10. 25. 저녁 무렵 처음 항문으로 출혈이 되었고 그 후 2차 수술 때까지 지속적으로 출혈이 있었던 점, 충수돌기절제술 이 후 수술 부위에서 출혈이 되어 항문으로 나오는 경우는 매우 드문 사례인 점, 수술 후 3일째에 복부 전산화단층촬영을 통해 이미 불완전 장폐색 소견을 발견하였던 점, 위 환자의 경우 충수돌기의 염증이 심하여 부분적 천공으로 주변 조직과 유착되는 등의 증상이 있었던 점, 1차 수술 후 복부팽만이 점점 심해지면서 개선되지 않았고 환자가 지속적으로 위 증상과 복통, 혈변이 발생함을 호소하였던 점 등을 고려하면, 의료진으로서는 수술 후 11일째이고 혈변이 관찰된 후 9일째 이전에 S자 결장경검사 등을 시행했어야 한다. 그래서 출혈의 원인을 파악하고 장폐색에 대하여 수술적 조치를 취할 필요는 없는지에 대하여 좀 더 신속하고 면밀하게 진단하고 그에 대한 처치를 했어야 했는데도 이를 게을리 해서 S자 결장의 폐색, 괴사에 대한 진단 및 처치가 늦어졌다고 인정된다.

다. 과실과 손해 사이의 인과관계 여부: 법원 불인정

(1) 법원 판단

의료진의 과실은 1차 수술 후 경과관찰 과정에서 S자 결장의 심각한 폐색 및 괴사를 신속하게 발견하지 못하여 조기에 개복술을 실시하지 않은 것에 있다. 하지만 이런 과실이 없었다고 하더라도 환자는 1차 수술로 발생한 S자 결장의 폐색에 대하여 보존적 치료를 넘어 수술을 받았어야 할 것으로 보인다. 따라서 의료진의 과실로 S자 결장의 괴사를 늦게 발견하여 증상을 악화시킨 측면이 있다고 하더라도 그 과실로 인하여 27.75%의 노동능력 상실이 초래 되었다거나 복부의 흉터에 대한 성형수술이 필요하게 되었다고 보기는 어렵다.

3. 손해배상범위 및 책임제한

가. 의료인 측의 손해배상책임 범위: 위자료만 인정

나. 위자료 인정 이유

(1) 의료진이 S자 결장 폐색과 괴사를 조기에 발견하지 못한 과실로 환자는 1차 수술 후 2차 수술 전까지 항문을 통한 출혈, 복부팽만 증상이 계속됨에도 별다른 조치가 취해지지 않는 것에 대하여 불안 등 정신적 고통에 시달렸을 것으로 인정된다는 점

(2) 2차 수술로 인공장루가 만들어져 2~3개월 동안 이를 통하여 배변을 해결하면서 환자가 받았을 고통 등이 인정된다는 점

(3) 환자의 약혼자가 환자 곁에서 함께 정신적으로 고통 받았을 것이 인정된다는 점

다. 손해배상책임의 범위

(1) 청구금액: 221,723,101원
(2) 인용금액: 10,000,000원
   - 위자료: 10,000,000원

4. 사건 원인 분석

환자가 수술 후 2일째에 항문으로 출혈이 된 이후 다음날 복부 전산화단층촬영으로 상태를 확인하기까지 13시간이 소요된 것으로 보아 밤 시간에 발생하는 이상 증세에 대한 적절한 보고 및 적극적인 조치가 이루어지지 않았다. 또한 복부 전산화단층촬영을 통해 이미 불완전 장폐색 및 주위 염증으로 인한 체액 저류 소견을 발견하고도 혈변이 계속 관찰되는 약 9일간 적극적인 조치가 취해지지 않았다. 의료진은 S자 결장경검사 등을 시행하여 출혈의 원인을 파악하고 장폐색에 대하여 수술적 조치를 취할 필요는 없는 지에 대하여 좀 더 신속하고 면밀하게 진단하고 그에 대한 처치를 했어야 한다(〈표 16〉 참조).

〈표 16〉 원인분석

분석의 수준	질문	조사결과
왜 일어났는가? (사건이 일어났을 때의 과정 또는 활동)	전체 과정에서 그 단계는 무엇인가?	- 수술 후 환자 관리 단계
가장 근접한 요인은 무엇이었는가? (인적 요인, 시스템 요인)	어떤 인적 요인이 결과에 관련 있는가?	• 의료인 측 - 수술 후 환자 관리 미흡(환자의 증상 발현에도 조 치를 취하지 않음) - 의료진 간의 적절한 의사소통 부재의 가능성(위급 한 환자상태에 대한 보고 등이 적절히 이루어지지 않았을 가능성)
	시스템은 어떻게 결과에 영향을 끼쳤는가?	• 의료기관 내 - 야간 시간의 적절한 검사 및 처치 미흡 - 의료진에 대한 교육 미흡 • 법·제도 - 의료 인력에 대한 적정한 환자 수의 규제 미흡 - 의료인의 야간 근무에 대한 수가 문제

5. 재발방지 대책

원인별 재발방지 사항 제안은 〈그림 16〉과 같으며, 각 주체별 재발방지 대책은 아래와 같다.

〈그림 16〉 외과 질적 16 원인별 재발방지 사항 제안

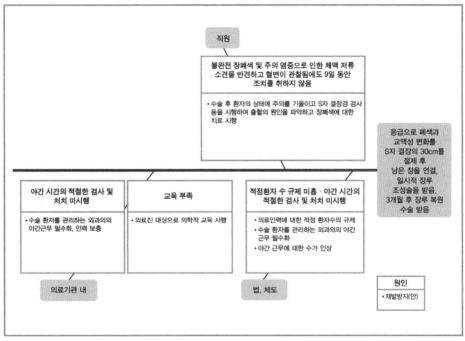

(1) 의료인의 행위에 대한 검토사항

수술 후 환자의 상태와 증상 호소에 주의를 기울여 이상 증상이 발생하였을 경우 신속하게 검사를 시행하여 원인을 파악하고 적절한 치료를 시행하여야 한다. 환자의 위급한 상황에 대한 보고와 그에 대한 대처가 적절히 이루어질 수 있도록 의료진 간의 환자안전 의사소통 역량 강화가 필요하다.

(2) 의료기관의 운영체제에 관한 검토사항

야간 시간 동안 적절한 검사 및 처치가 이루어질 수 있도록 수술 환자를 관리하는 외과의사의 야간 근무를 필수화해야 하며 인력을 보충해야 한다. 또한 의료인의

신속하고 적절한 판단 능력을 함양시킬 수 있도록 임상 사례에 따른 의학적 교육을
시행하여야 한다.

(3) 국가·지방자치단체 차원의 검토사항

실제 의료현장에서는 인력 수급 문제로 당직 시 한 명의 의사가 과도하게 많은
수의 입원환자를 담당하게 된다. 당직 업무뿐만 아니라 응급실과 중환자실의 업무도
담당해야 하며, 응급 수술이 있을 경우에도 추가 인원이 지원되지 않는 것이 현실이
라는 자문의견이 있었다. 의료 인력에 대한 적정 환자 수의 규제는 현재 시행되는 외
래 수 규제보다 더 중요하며, 이를 위한 수가의 인상이 필요하다. 현재처럼 저수가에
환자가 많은 상황에서는 밤에 일어나는 모든 일에 대해 의료진이 정밀한 관찰 및 진
료를 하는 것이 불가능하다는 것이다.

의견과 같이 야간 시간에도 적절한 진료가 이루어질 수 있도록 의료 인력에 대
한 적정 환자 수를 규제하고 수술 환자를 관리할 수 있는 외과의의 야간 근무를 필수
화하여야 한다. 또한 이에 대한 인적, 물적 지원을 하여야 하고, 야간 근무에 대한 수
가를 인상하여야 한다.

┃ 참고자료 ┃   사건과 관련된 의학적 소견

1. 급성 충수돌기절제술의 합병증 및 대처

급성 충수돌기절제술 후에 발생하는 합병증은 창상 감염, 복강 내 감염, 장폐색 등이 있고 여성에게서 간혹 불임 등의 합병증이 발병한다. 충수돌기절제술 후 절제부위의 합병증으로 인해 항문으로 지속적으로 출혈이 있는 경우는 세계적으로 보고할 만큼 희귀한 경우이다. 수술 후 장유착은 68~100%에서 발생하며, 이로 인한 입원시 43%는 대증적 치료로, 57%는 수술을 요한다.

장폐색(intestinal obstruction)은 여러 가지 원인으로 인하여 창자관이 폐색되고, 내용물이 정체하는 병적 상태를 의미한다. 장폐색은 크게 기능적인 것과 기계적인 것으로 나뉘는데, 전자는 창자관의 운동기능이 장애되기 때문에 일어나고, 후자는 창자의 기질적 병터에 의하여 유발되는 폐색·협착 때문에 생긴다. 증세로는 복통, 구토, 복부팽만, 대변이나 가스배출의 정지 등과 함께 가벼운 발열, 구토에 의한 탈수증세, 쇼크증세 등의 전신증세를 띠게 된다.

수술 후 조기의 불완전한 장폐색에 대한 보존적 치료로 비위관(장마비나 장폐색시 장내 가스와 분비물의 저류로 인한 복부 팽창을 감소시키려는 목적으로 코를 통하여 위까지 삽입하는 튜브)의 삽입, 탈수현상을 개선하기 위한 수액치료, 막힌 장 내에 세균이 자라 패혈증 등으로 악화되는 것을 예방하기 위한 항생제 투여 등을 시행한다. 수술 후 부분적 장폐색 소견이 있을 때는 2~3일 동안 경과관찰 및 보존적 치료를 한 후 수술을 결정한다. 급성 충수돌기절제수술 후 항문으로 출혈이 되는 경우, 수술 직후 여러 검사로 인하여 결찰하였던 충수돌기 절단면의 파열 등의 합병증이 병발할 위험성도 있기 때문에 출혈양이 적고 환자의 활력상태가 안정되어 있으면 수액 및 혈액 등을 투여하면서 경과관찰을 시행하는 것이 좋을 수 있다. 그래도 출혈이 지속되는 경우에 출혈부위를 확인하기 위하여는 먼저 항문부위의 출혈가능성을 염두에 두고 직장 수지 검사나 항문경을 통하여 항문의 치핵이나 치열 등의 병변으로 출혈한건 아닌지 검사를 한 후, S자결장경을 천천히 삽입하여 직장, S자결장과 좌측 대장의 출혈성 병변을 확인한다. 그 후 대장 내시경을 시행하여 위나 상부 위장관의 출혈에 의한 것인지를 확인하고 출혈의 상태나 양에 따라 대장 내시경으로 확인하는 과정을 거치게 된다.

괴사(괴저, mortification)는 혈액 공급이 되지 않거나 세균 때문에 비교적 큰 덩어리의 조직이 죽는 현상을 의미한다. S자 결장 괴사의 경우, 급성괴사는 급작스런 복통과 후부 복부에 복부 강직과 같은 복막 자극 증상과 더불어 오심, 구토의 증세가 나타나며 시간이 지날수록 복부

팽만이 심해지고 발열이나 혈중 백혈구수의 증가 등 전형적인 복막염의 증세가 나타나는데 반해, 혈관의 폐색과 같은 비교적 아급성으로 괴사가 일어나는 경우는 그 발생시기가 서서히 나타나며 이때 임상적인 증세는 미미한 경우가 있고, 특히 수술직후인 경우는 수술로 인한 통증과의 감별이 어려우며, 주로 복막염의 증세는 괴사로 인한 천공으로 대장 내용물이 복강 내로 흘러나온 후에야 상기 증세가 나타나게 된다.

판례 17. 위 전 절제술 이후 발생한 소변 감소와 저혈량으로 인한 환자 사망_서울중앙지방법원 2008. 1. 2. 선고 2006가단179152 판결

1. 사건의 개요

환자는 진행성 위암 3기(T3)로 진단받고 위 전 절제술를 시행 받았다. 수술 후 소변감소, 창백함, 전신 부종, 혼돈(했던 말을 계속 함)이 있었다. 의료진은 이뇨제 주사, 응급 수혈 등의 조치를 하였다. 그러나 환자는 자가 호흡이 없어지고 심장이 정지되었고, 혼수상태에 빠졌다. 이에 의료진은 심폐소생술(CPR) 등을 시행하고 환자를 중환자실로 이송해 인공호흡기 치료 등을 시행하였으나 하루 후 사망하였다[서울중앙지방법원 2008. 1. 2 선고 2006가단179152 판결].

날짜	시간	사건 개요
2006. 2. 15.		• 입원(환자: 1943. 9. 5.생, 사건 당시 만 62세, 남자) = 이 사건 수술이 있기 약 8개월 전부터 당뇨병으로 약(OHA)을 복용하던 상태였음
2006. 2. 16.		• 혈액검사: 당화혈색소(HbA1c) 8.8%(정상치 4~6), 혈당(GLU) 147mg/dℓ(정상치 75~110)로 측정
2006. 2. 20.		• 이 사건 수술 직전까지 1일 1회 디아미크롱(diamicron) 40mg으로 조절되는 상태였음 • 복부 등에 CT, 초음파 검사, 심전도검사(24hrs Holter monitoring) 등 시행 = 진단: 진행성 위암(AGC) 3기(T3), 당뇨병(DM), 동휴지(sinus pause)가 있는 부정맥(bradyarrhythmia)
2006. 2. 21.		• 위전절제술(total gastrectomy) 시행 = 마취기록지에는 출혈량(EBL) 600㎖, 소변 배설량(urine output) 450㎖, 주입량(infused fluid) 3,500㎖로 기재돼 있음 = 수술 종료 시간: 19:40
	23:00	• 소변량 50㎖
	24:00	• 소변량 23㎖

날짜	시간	사건 개요
2006. 2. 22.	01 : 00	• 소변량 20㎖ = 생리식염수(N/S)의 주입속도를 분당 30방울에서 60방울로 올렸음 • 맥박수 80(회/분) • 혈압 110/70mmHg
	02 : 00	• 소변량 17㎖
	03 : 00	• 소변량 10㎖ = 생리식염수 500㎖를 full drop했음 • 맥박수 92(회/분) • 혈압 100/60mmHg • 땀 흘림과 가벼운 어지러움 발생 • 혈당검사(BST)에서 'Hi(high)'로 나와 속효 인슐린(RI) 10단위(unit)가 피하 주사됐음
	04 : 00	• 소변량 40㎖(※ "핍뇨"의 기준치(39.85㎖ 미만)와 거의 같음) • 맥박수 104(회/분): 빈맥 • 혈압 100/70mmHg • 얼굴에서 창백함(pale face), 배액관(JP drain)에서 혈액 색(bloody color)이 보였음
	05 : 00	• 소변량 0㎖ = 생리식염수 1ℓ 추가 주입
	05 : 30	• 맥박수 100(회/분)
	06 : 00	• 소변량 2.5㎖
	06 : 06	• 응급 혈액검사에서 BUN 22.5mg/㎗, CR 2.2mg/㎗, 칼륨(K) 6.36mmol/ℓ로 모두 정상치(BUN: 7~20, CR: 0.6~1.2, K: 3.5~5.5)보다 높았고, 혈색소(Hb)는 6.2g/㎗로 정상치(11.5~17)보다 낮았음. 혈당 604mg/㎗
2006. 2. 22.	06 : 30	• 전신 부종(whole body edema)과 혼돈(confusion)(했던 말을 계속 함)이 있었음 • 혈당검사에서도 '492'로 나와 재차 속효 인슐린이 주사됐음 • 섭취량(intake)/배설량(out-put)은 3,800/542.5였음 • 이뇨제인 라식스(lasix) 10mg을 정맥 주사 처방, 칼륨이 혼합된 수액(fluid)을 사용하지 않도록 했으며, 응급 동맥혈가스분석

날짜	시간	사건 개요
2006. 2. 22.		(ABGA)을 의뢰했고, 농축적혈구(PRBC) 3파인트(pint)를 응급 수혈토록 했음 = 동맥혈가스분석에서 pH 6.994, PaCO2 30mmHg, HCO3−8.4로 모두 정상치(pH: 7.35~7.45, PaCO2: 35~45, HCO3−: 21~28)보다 낮았음
	06 : 40	• 졸음(drowsiness)에 빠졌음
	06 : 50	• 이뇨제인 라식스(lasix) 10mg을 정맥 주사 • 호흡곤란(dyspnea)의 징후(sign)가 있었음
	07 : 00	• 혈압 100/70mmHg
	07 : 07	• 호흡이 약해지는 듯하더니 자가 호흡(self respiration)이 없어졌으며, 심장이 정지되었고(cardiac arrest), 혼수상태(coma)에 빠졌음 = 의료진은 기관 내 삽관(intubation), 심폐소생술(CPR), 심장박동회복술(DC cardioversion), 중심정맥관삽입술(central line insertion) 등을 시행했고, 피네프린(epinephrine), 아트로핀(atropine), 비본(bivon)(NaHCO3), 도파민(dopamine), 노르에피네프린(norepinephrine), 도부타민(dobutamine), 농축적혈구 등을 투여했음
2006. 2. 22.	07 : 27	• 혈당 540mg/dl
	07 : 30	• 심장 박동
	07 : 45	• 대퇴동맥맥박(femoral pulse) 감지(70대)
	08 : 00	• 배액: 60cc(bloody color) • 산소포화도(Sat)가 회복됐으나, 혈압이 점차 떨어지고 빈맥을 보이면서 자가호흡이 없어짐
	08 : 30	• 배액: 70cc
	08 : 33	• 배액: 60cc
	08 : 45	• 배액: 50cc • 혈당: 558mg/dl
	08 : 55	• 배액: 60cc
	09 : 03	• 배액: 55cc
	09 : 10	• 배액: 50cc

날짜	시간	사건 개요
2006. 2. 22.	09 : 20	• 중환자실로 이송해 인공호흡기 치료(ventilator care) 등을 시행 = 중환자실기록지에는 JP drain에서 620(80＋90＋70＋90＋100＋110＋80)cc가 배액된 것으로 기재돼 있음 = 중환자실 이송 후 심장내과 의료진은, 외과 의료진이 심장정지 등에 대한 심장내과적 소견을 문의하자, 이에 대한 회신에서 저혈량성 쇼크(hypovolemic shock)에 의한 이차적 심근허혈(secondary myocardial ischemia)을 원인으로 지적했음
	14 : 00	• JP drain을 막았음(clamp)
	16 : 40	• 복부팽만(abd. distension)이 관찰됐음
	17 : 21	• 혈당 574mg/dℓ
2006. 2. 23.	05 : 38	• 혈당 903mg/dℓ
	08 : 56	• 혈당 824mg/dℓ
	11 : 18	• 사망 = 직접사인: 다발성 장기부전 = 진료기록을 감정한 의사는 "정확한 사인은 알 수 없으나 정황 및 검사결과상 교정되지 않은 복강 내 출혈이 의심됨."이라고 회신했음

2. 법원의 판단

가. 핍뇨(소변 감소증)에 대한 검사와 처치 소홀 여부: 법원 인정

(1) 법원 판단

이 사건 수술 후인 2. 21. 24 : 00부터 핍뇨가 있었고, 이것은 생리식염수의 주입속도를 올렸음에도 나아지기는커녕 더 나빠졌으며 마침내 소변량이 "0"으로 떨어졌다. 그 뒤 생리식염수를 추가로 주입했음에도 소변량은 2. 22. 06 : 00 이후 매시간 6mℓ를 넘지 못했다. 그럼에도 의료진이 핍뇨의 원인을 파악함에 중요한 혈액검사를 이미 핍뇨가 고착된 같은 날 06 : 06 이후에야 시행했다. 또한 수액 요구량을 정확히 파악할 수 있는 중심정맥압 혹은 폐동맥압을 측정하려는 시도조차 않고 있었다. 그러다 뒤늦게 혈액검사 결과와 섭취량/배설량을 확인한 같은 날 06 : 30 이후 부랴부랴

이뇨제를 처방하고 칼륨이 혼합된 수액을 중지하고 농축적혈구를 수혈토록 한 사실이 확인된다. 이에 비추어 판단하건대, 핍뇨의 원인에 대한 진단검사를 시행하지 않은 채 생리식염수 수액요법에 지나치게 의존한 의료진의 잘못이 핍뇨의 고착을 불러왔고, 뒤늦게 취해진 처치만으로는 돌이킬 수 없는 지경에 이르게 하였음이 인정된다.

나. 수술 후 출혈로 인한 저혈량증에 대한 진단 및 처치 소홀 여부: 법원 인정

(1) 피고 측 주장

환자는 이 사건 수술과 상관없이 기왕증인 제2형 당뇨병의 흔한 합병증인 고삼투압성 비케톤성 혼수로 사망하였다.

(2) 법원 판단

핍뇨가 고착될 때까지 원인에 대한 모색이 없었던 의료진은 핍뇨와 함께 맥박의 상승(빈맥으로 이어졌음), 땀 흘림, 어지러움, 얼굴의 창백, 혈액의 배액 등 저혈량증을 암시한다고 볼 수 있는 여러 증상이 발현됐음에도 주의를 기울이지 않은 채 이 사건 수술 후 출혈로 인한 저혈량증을 염두에 둔 검사와 처치를 전혀 안 하고 있었다. 이후 핍뇨가 고착되고 전신 부종, 혼돈 등 저혈량증이 더욱 심화됐음을 보여주는 증상이 발현되고서야 뒤늦게 수혈 등의 조치를 취한 잘못이 있다. 이것이 저혈량성 쇼크와 그로 인한 호흡 및 심장정지, 혼수상태를 불러왔고, 이후 응급조치가 있었음에도 혈압이 점차 떨어지고 자가호흡이 돌아오지 않은 채 인공호흡기에 의지하다 망인은 결국 혼수상태에서 사망에 이르렀음이 인정된다.

피고 측은 환자가 고삼투압성 비케톤성 혼수로 사망하였다고 주장하나 이 사건에서 고삼투압성 비케톤성 당뇨병성 혼수를 유발했다고 볼 인자가 뚜렷하지 않고 핍뇨의 원인을 수분 결핍성 탈수로 보기에는 무리가 있다. 또한 환자가 혼돈에 이른 것도 이 사건 수술 후 출혈에 의한 저혈량증이 심화된 결과로 보인다. 따라서 기왕증인 당뇨병이 더 나빠졌음을 암시하는 사정이 있다고 하더라도, 이것만으로 환자가 고삼투압성 비케톤성 당뇨병성 혼수에 빠졌다거나 이로 인해 사망에 이르렀다고 보기는 어렵다.

3. 손해배상범위 및 책임제한

가. 의료인 측의 손해배생책임 범위: 40% 제한

나. 제한 이유

① 비교적 고령인 환자에게 기왕증으로 당뇨병과 부정맥이 있었던 점
② 혈압의 추이와 혈액의 배액 양상 등이 핍뇨가 고착될 때까지 저혈량의 징후를 확연히 드러냈다고 보기 어려운 점
③ 증상 악화 후 의료진의 응급 처치에는 특별한 잘못이 없는 점

다. 손해배상책임의 범위

(1) 청구금액: 96,815,638원
(2) 인용금액: 33,200,000원
  - 장례비: 1,200,000원(3,000,000의 40%)
  - 위자료: 32,000,000원

4. 사건 원인 분석

본 사건은 핍뇨에 대한 검사와 처치 소홀, 수술 후 출혈로 인한 저혈량증에 대한 진단 소홀로 인하여 사망이라는 결과가 발생된 사건이다. 수술 후 핍뇨와 더불어 활력징후의 변화, 특히 빈맥의 발생, 발한, 어지러움증, 창백함 등의 징후로 보아 수술 중 이미 많은 양의 채액 손실이 있어 저혈량성 쇼크가 발생한 것으로 보인다는 자문위원의 의견이 있었다. 따라서 소변량이 감소하고 빈맥이 발생한 익일 3시경부터는 저혈량성 쇼크의 원인을 감별하기 위한 검사, 특히 혈색소 검사를 통한 빈혈의 여부를 확인하는 것이 중요하다고 하였다. 그런데 핍뇨 및 저혈량증에 관한 이상증세가 주로 발생한 시간은 밤 시간으로, 이와 같이 밤 시간에 이상증세가 발생해서 적절한 보고가 이루어지지 않았을 수 있으며 그로 인해 관련 검사 및 처치가 소홀했던 것으로 여겨진다. 이에 대해 출혈로 인한 허탈에 대해 몇 시간이라도 먼저 조치할 수 있었다면 결과가 달라졌을 수도 있다는 자문의견이 있었다. 또한 환자가 비교적 고령

(사건 당시 만 62세)에 기왕증으로 당뇨병과 부정맥이 있었는데 의료진이 이에 대한 고려를 충분히 하지 못했을 수 있다(〈표 17〉 참조).

〈표 17〉 원인분석

분석의 수준	질문	조사결과
왜 일어났는가? (사건이 일어났을 때의 과정 또는 활동)	전체 과정에서 그 단계는 무엇인가?	− 환자 관치, 처치 단계
가장 근접한 요인은 무엇이었는가? (인적 요인, 시스템 요인)	어떤 인적 요인이 결과에 관련 있는가?	• 환자 측 − 당뇨, 부정맥 • 의료인 측 − 환자 진단, 처치 미시행 − 의료진 간의 적절한 의사소통 부재의 가능성(위급한 환자상태에 대한 적절한 보고 등이 적절히 이루어지 지 않았을 가능성, 보고 후에도 적절한 조치가 취해지 지 않을 경우 2 challenge 같은 의사소통 기술 필요)
	시스템은 어떻게 결과에 영향을 끼쳤는가?	• 의료기관 내 − 야간 당직제 및 보고체계 확립 미흡 • 법·제도 − 당직에 상응하는 수가 문제 − 의료 인력에 대한 적정 환자 수 규제 미흡

5. 재발방지 대책

원인별 재발방지 사항 제안은 〈그림 17〉과 같으며, 각 주체별 재발방지 대책은
아래와 같다.

〈그림 17〉 외과 질적 17 원인별 재발방지 사항 제안

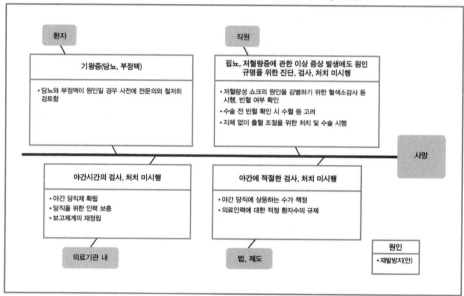

(1) 의료인의 행위에 대한 검토사항

환자의 당뇨와 부정맥 등 기왕증에 대해 주의해야 한다. 그리고 수술 후 핍뇨,
저혈량증에 관한 이상 증상이 발생할 때 신속히 원인 규명을 위한 검사를 시행하고
빈혈이 확인되면 수혈을 고려하여야 한다. 출혈 조절을 위한 다른 처치 및 수술도 지
체 없이 시행하여야 한다.

환자의 위급한 상황(환자안전이슈) 보고나 보고 후 적절한 조치가 이루어지지 않
을 때 환자안전 의사소통기술을 적절히 사용할 수 있도록 의료진 의사소통 교육/역
량 강화가 이루어져야 한다.

(2) 의료기관의 운영체제에 관한 검토사항

야간 시간에 적절한 관찰과 조치가 이루어질 수 있도록 야간 당직제를 확립하고 당직을 위한 인력을 보충하여야 한다. 또한 기관 내 보고 체계를 재정립하여 환자 상태 및 조치에 대한 보고가 제대로 이루어질 수 있도록 한다.

(3) 국가·지방자치단체 차원의 검토사항

야간 당직에 상응하는 수가를 책정하고 의료 인력에 대한 적정 환자 수를 규제하여 야간에도 환자 관리가 적절히 이루어질 수 있도록 해야 한다.

┃참고자료┃ 사건과 관련된 의학적 소견2)

1. 저혈량성 쇼크

만일 혈액량이 생체가 조정할 수 있는 능력 이상으로 빨리 혹은 광범위하게 감소하면 순환 계는 급성 부전증(쇼크)에 빠지고, 혈압과 심박출량이 감소하면서 각 장기의 혈액 관류가 감소 하게 된다. 만일 급성 실혈이 40% 이상이거나 쇼크가 더 지속되면, 심근경색과 함께 관상동맥 혈류 부족으로 심부전 및 이차성·심인성 쇼크가 유발되고 신장허혈로 급성 세뇨관 괴사가 유 발되며 신장의 수소이온 배설결함 등에 의한 대사성 산증으로 심근 억압이 유발된다. 또한 대 사성산증으로 $PaCO_2$가 감소해 뇌혈류 부족이 유발되며 지속되는 혈관경련으로 혈관 내벽에 허혈성 손상을 입혀 모세혈관 투과를 증가시켜 전신 부종 및 shock lung 유발 등의 불가역반 응이 일어난다.

수술 후 나타나는 가장 많은 합병증이 저혈량이다. 이것은 수술 전 수분 부족이 교정되지 않 았거나, 부족 혈액에 대한 수혈이 되지 않았거나, 수술 중 혹은 수술 후의 수액조절이 부적절 한 것 등에 의해 세포외액이 손실됐음을 나타낸다. 따라서 수술 후 지속적인 출혈이 있으면 잘 살펴야 한다.

저혈량의 초기 징후는 빈맥이다. 또한 피부(얼굴)가 창백하고 땀을 많이 흘리며, 호흡수는 빨라진다. 의식혼미는 뇌혈류 악화의 징후로 의식상태는 저혈량의 정도에 따라 어지럽고 혼미 하다가 헛소리를 하며 결국 혼수에 이를 수 있다.

2. 신장기능의 장애

핍뇨는 소변량이 0.5㎖/kg/hr 미만인 경우를 말한다. 수술 후 핍뇨가 있는 경우 어떤 환자 이든 급성 신부전증을 고려해야 한다. 그 원인은 신전(腎前), 신실질(腎實質, 예컨대 신독성 물질, 약제 등), 신후(腎後, 예컨대 요도폐쇄, 방광손상 등)로 나눌 수 있다. 그중 신전성 신부 전증은 순환 혈액량의 감소가 직접적인 원인이 되어 생기는 데, 수술 직후 혈압유지는 카테콜 아민 반응에 의하므로 순환 혈액량을 정확히 반영해 주지 못하고, 핍뇨 환자의 평가에 있어 임 상적인 것만으로는 정확지 않으므로 중심정맥압이나 폐동맥압의 측정이 반드시 필요하다. 만일 생리식염수 500~1,000㎖를 30~60분 동안 정맥으로 주입해 소변량에 즉각적 반응이 없으면 중심정맥 혹은 폐동맥 삽관술을 시행해 수액 요구량을 정확히 측정해야 하고, 이와 함께 전해

---

2) 해당 내용은 판결문에 수록된 내용입니다.

질 및 혈액검사로써 전해질 불균형 여부, 혈색소, BUN과 CR 수치 등을 확인해야 한다. 수액 상태가 결정된 후에는 이뇨제를 정맥 주사하는 것도 고려해야 한다. 수술 후 출혈이 원인이라면 혈액을 공급하고, 다른 혈장 내 삼투압을 높일 수 있는 교질 용액(colloid solution)의 투여 여부를 결정해야 한다. 나아가 진행성 복강 내 출혈이 의심되면 개복 수술을 시행할 수 있다.

핍뇨에 대한 검사와 처치가 지체되면 신장기능의 이상으로 인한 신부전증이 발생하고 치료하지 않은 급성 부전증은 전해질 불균형과 대사성 산증을 악화시켜 고칼륨혈증으로 인한 심장마비를 불러온다.

판례 18. 충수절제술 이후 폐혈증 발생으로 인한 환자 사망_대법원 2008. 1. 24. 선고 2007다80480 판결

1. 사건의 개요

환자는 수일간의 복통, 구토 및 발열증상으로 피고 병원에 내원하였다. 복부 초음파 및 복부 CT 검사 결과 충수돌기 천공으로 인한 범발성 복막염으로 진단받아 충수절제술 및 배액술을 시행받았다. 수술 후 환자가 패혈증 증세를 보여 의료진은 항생제, 해열제 및 신경안정제 등을 투약하였다. 환자는 정신분열증으로 비위관을 자의로 뽑기도 하여 정신과 협진으로 아티반을 처방받았다. 수술 시행 후 약 4일 후 자가호흡이 중단되고 혈압이 체크되지 않아 중환자실로 옮겨 기관삽입술 및 심폐소생술을 시행하였다. 복부 방사선 검사를 시행한 결과 위장이 팽만 되어있고 기타 소장 등도 장마비 형태를 보였다. 결국 환자는 다음날 급성 호흡부전으로 사망하였다[대구지방법원 안동지원 2006. 7. 7. 선고 2005가합470 판결, 대구고등법원 2007. 10. 17. 선고 2006나6516 판결, 대법원 2008. 1. 24. 선고 2007다80480 판결].

날짜	시간	사건 개요
2005. 3. 30.		• 수일간의 복통, 구토 및 발열증상을 겪어 안동의 피고 병원 외과 외래로 내원(환자 나이, 성별 미상)
		• 복부 초음파 및 복부 CT촬영 시행 = 충수돌기 천공으로 인한 범발성 복막염으로 진단. 염증 때문에 말단 장에서 진하게 좁아졌고 거의 전체 소장에서 수액주머니를 동반한 팽창 있음. 공기주머니 같은 것도 보이며 대장도 가스 팽만 및 수액성 팽창을 보여 부분적 장폐색의 증상 보임 • 흉부 방사선 검사 시행 = 폐포 사이에 물이 차거나 염증이 생긴 폐부종 초기 상태의 가능성 있고, 그 정도는 경도임
2005. 3. 30.	18 : 40경	• 충수절제술 및 배액술 시행 = 수술 중 화농성 복수 및 농주머니 확인함
		• 중환자실로 옮김

날짜	시간	사건 개요
2005. 3. 30.		• 각종 검사 실시 = 혈압저하, 소변량 감소, d-dimer+ 등의 패혈증 소견 보임 • 산소 및 비위관 삽입 • 배액튜브와 유치카테터 삽입, 혈액검사 실시 • 항생제, 해열제 및 신경안정제 등 투여
2005. 3. 31.	00:00경	• 비위관으로 어두운 쑥색의 액이 많이 나옴
	01:00경	• 환자가 비위관을 자의로 제거
	09:30경	• 회진 중 경과 관찰. 혈액검사 시행
	10:00경	• 체온 38.8℃으로 상승. 소변량이 소변으로 체크됨 = 수액량 증가시킴
	20:00경	• 회진 시 체온 38.7℃ = 얼음찜질함
2005. 4. 1.	00:00경	• 복부통증 호소 = 아티반 1/2앰플 정맥주사함
	01:00경	• 추가 수액 처방
2005. 4. 1.	04:00경	• 구토 및 복부팽만감 및 호흡 곤란 증세 보임 = 산소 3L 흡입시킴
	06:00경	• 흉부방사선 촬영 시행
	06:00~ 14:00	• 배설량 소변 295ml, 수술부위 배액관 각 10ml, 비위관 1,500ml
	07:05경	• 흉부 방사선 촬영 시행 = 수술 전 시행한 검사와 비교하여 양쪽 갈비뼈과 횡경막 사이 에 본래 뾰족한 각이 둔해졌고 왼쪽이 오른쪽보다 더 심해서 흉수가 찼음을 시사함
	08:00경	• 인턴이 비위관 재삽입 • 체온 39.3℃ = 해열제(타페인) 1/2앰플 근육주사함
	10:00경	• 환자가 비위관을 자의로 제거
	14:00경	• 주치의의 지시에 따라 일반병실로 옮김 • 체온 38.3℃, 호흡수 58회/분, 맥박수 129회/분 • 아티반 1/2앰플 정맥주사함

날짜	시간	사건 개요
2005. 4. 1.		• 환자는 피고 병원에서 치료를 받는 중에도 정신분열증으로 인하여 의료진과 의사소통이 원활하지 못하였고, 기침과 객담을 뱉어내도록 설명 듣고도 원활하게 협조하지 않았으며, 스스로 비위관을 빼버리기도 함 • 정신과 협진 요청 = 아티반 주사하라는 처방 받음
2005. 4. 2.	06 : 00경	• 가스 나옴
	12 : 00경	• 물 종류를 섭취하도록 처방 • 체온 37.5~39.2℃ 사이로 발열 지속됨. 맥박수 116~132회/분, 호흡수 44~55회/분로 빈맥과 빈호흡 계속됨
	21 : 00경	• 체온 37.8℃로 내려감
	23 : 00	• 구토, 고열, 호흡곤란 증세 보임
2005. 4. 3.	02 : 00경	• 체온 38.8℃까지 상승 = 담당 간호사가 사전에 주치의로부터 처방받은 타페인(해열제) 1/2앰플을 근육주사함
	03 : 30경	• 300cc가량 구토함 = 금식 처방
	05 : 30경	• 종이컵 3컵 정도의 양의 구토. 숨이 차는 증세 보임 = 대구에 있던 주치의에게 전화로 상황 보고함. 아티반 주사하라는 처방받아 아티반 1/2앰플 근육주사함 • 체온 37.5℃, 맥박수 150회/분, 호흡수 47회/분
	06 : 30경	• 원고들이 가래 흡인 요청함 • 준비하던 중 갑자기 자가호흡이 중단되고 혈압이 체크되지 않음 = 주치의에게 전화연락함. 당직의와 응급실 의사 호출함
		• 당직의와 응급실의사가 기관삽입술 및 심폐소생술 실시
	07 : 30경	• 중환자실로 옮김 • 인공호흡, 흡인 등 실시
2005. 4. 3.	08 : 31경	• 복부 방사선 검사 시행 = 위장이 팽만 되어있고 기타 소장 등의 장도 장마비 형태를 보임
	09 : 25경	• 비위관 삽입 = 다량의 검푸른 배액이 나오고 복부팽만이 심함

날짜	시간	사건 개요
2005. 4. 3.	이후~ 14 : 00까지	• 비위관 배액량 3,400ml
2005. 4. 4.	03 : 10경	• 사망 = 직접사인은 급성 호흡부전

2. 법원의 판단

가. 중환자실 입원을 지체한 과실 여부: 법원 불인정(제1심)

(1) 원고 측 주장

수술 이후 계속하여 환자의 체온이 38~39℃에 이르는 등 그 상태가 위중하였음에도 피고병원 주치의는 이를 간과하고 환자를 일반병실로 옮겼다. 그 후 2005. 4. 2. 23 : 00경부터는 환자가 호흡곤란증세, 고열 및 구토 증상을 보여 그 증세가 악화되었음에도, 주치의가 오기 전까지는 중환자실로 옮길 수 없다고 하며 2005. 4. 3. 07 : 30경에 이르기까지 일반병실에 그대로 방치하였다. 그로 인해 중환자실의 각종 장비를 사용한 제대로 된 치료를 받지 못하여 사망하게 되었다.

(2) 법원 판단

범발성 복막염 환자의 경우 세균이 분비하는 독소에 의해서 고열 증상을 수반하는 경우가 많고, 복막염으로 장 마비가 오는 경우 구토증상이 발생할 수도 있다. 환자의 고열과 구토 증상은 범발성 복막염 환자에게서 어느 정도 예견 가능한 증상이라, 그것만으로는 환자를 중환자실로 옮겨야 할 만큼의 응급상황이 발생하였다고 보기는 어렵다. 또한 호흡곤란증세는 과호흡에 기인한 호흡성 염기증 상태인 것으로 보이는데 이에 대하여는 주치의가 이를 진정시키기 위해 아티반을 처방하였다. 환자의 증상은 이렇게 중환자실로 옮겨 그곳의 장비를 사용한 치료를 받게 할 정도의 것이라고는 보이지 않는다.

나. 주치의와의 연락 지체로 인한 환자 방치 여부: 법원 불인정(제1심)

(1) 원고 측 주장

2005. 4. 2. 23 : 00경부터 환자가 호흡곤란, 고열 및 구토증상을 보여 원고가 담당 간호사에게 이를 알리고 응급실 의사라도 불러줄 것을 요청하였으나, 담당간호사는 '응급실 의사는 올 수 없고 주치의에게 연락하겠으니 기다려보라'고만 하였고, 주치의와는 4시간 이상 연락이 되지 않아 그 시간 동안 환자가 적절한 치료를 받지 못한 채 방치되었다.

(2) 법원 판단

다음과 같은 점들을 볼 때 피고 병원 의료진은 휴일 및 야간에 요구되는 조치들을 이행하였다고 보이므로 원고들의 주장은 이유 없다. ① 2005. 4. 3. 02 : 00경 체온이 올라가자 담당 간호사가 사전에 주치의로부터 처방받은 타페인(해열제)을 환자에게 주사한 점, ② 05 : 30경 환자가 구토를 하고 숨이 차며 불안해하는 증상을 보이자 담당 간호사가 타 도시에 있던 주치의에게 전화로 상황을 보고한 뒤 아티반 주사 처방을 받아 주사한 점 ③ 06 : 30경 갑자기 환자의 자가호흡이 중단되고 혈압이 체크되지 않자 담당 간호사가 당직의와 응급실의사를 호출하였고 기관삽입술 및 심폐소생술을 실시하였으며, 그 즉시 환자를 중환자실로 옮겨 치료를 계속한 점, ④ 2005. 4. 3. 새벽 원고가 '환자의 상태가 나빠지면 어떻게 하느냐'라고 한 질문에 담당 간호사가 '먼저 주치의에게 연락한 후 응급상황이 발생하면 응급과장이나 당직의를 부를 수 있다'고 답변한 점, ⑤ 평소에도 휴일이나 야간일 때 일반병실 입원환자에게 응급상황이 발생하면 교환실을 통해 주치의에게 전화로 연락을 취하고 전화로 구두 지시 처방을 받아온 점, ⑥ 호흡곤란으로 위급한 상황이었음에도 의료진이 약 4시간 동안 아무런 조치도 없이 환자를 방치하였음을 인정할 증거가 없는 점 등이다.

다. 아티반을 처방하면 안 됨에도 처방한 과실 여부: 법원 불인정(제1심, 항소심)

(1) 원고 측 주장

환자는 2005. 4. 3. 05 : 30경 담당 간호사로부터 아티반을 주사 받은 지 5분이

지나지 않아 곧바로 사망에 이르렀다. 아티반은 호흡억제작용 등의 부작용이 있어 호흡부전 등의 증상을 보이는 환자에게는 사용하면 안 된다. 환자는 2005. 4. 2. 23 : 00 경부터 호흡곤란증세를 보여 구토를 하고 나서야 호흡이 가능할 정도였음에도 피고 병원 주치의는 이를 간과하고 아티반을 처방하였다.

(2) 법원 판단

환자에게 아티반을 사용하면 안 되는 호흡부전 등의 증상이 있었음을 인정할 증거가 없으며 그 밖에 달리 주치의의 아티반 처방에 과실이 있었음을 인정할 만한 자료가 없다. 오히려 ① 주치의는 환자가 숨이 차는 증상을 보여 혈액가스분석 검사를 실시하여 호흡성 염기증으로 진단하였고, 이 호흡성 염기증은 신경불안 등 정신적인 문제에서 생기는 과호흡에 의한 것으로 판단하고 진정작용이 있는 아티반을 주사하도록 처방한 점, ② 그 과정에서 정신과 전문의의 협진을 요청하였고 그 결과 아티반 처방을 받은 점과 2005. 4. 3. 이전에도 망인에게 몇 차례 아티반을 주사하기도 하였으나 별다른 부작용은 없었던 점 등을 볼 때 주치의는 주의의무를 다한 것으로 보인다.

라. 수술 방법의 부적절성 여부: 법원 인정(항소심, 상고심)

(1) 법원 판단

천공성 충수돌기염 환자에서는 패혈증 및 패혈증 쇼크의 발생 위험률이 더 높아 비천공성 충수돌기염에 대한 치료보다 적극적이고 강한 대처가 필요하다. 그럼에도 피고 병원은 환자가 중증 천공성 충수돌기염, 화농성 농, 범복막염과 패혈증 추정상태로 진단되었음에도 단순 충수절제술을 시행하였다. 또한 수술 중 화농성 복수 및 농주머니를 확인하였음에도 미생물 배양검사, 항생제 감수성검사를 시행하지 않아 패혈증이 발생 및 확대되어 급성호흡곤란증후군으로 발전되었음이 인정된다.

마. 장폐색에 대한 진단 및 치료 소홀 여부: 법원 인정(항소심, 상고심)

(1) 법원 판단

피고 병원은 수술 전 환자에게 장폐색과 부종, 마비가 동반된 상태임을 알고 있었고, 장폐색의 진단 및 경과관찰은 단순 복부 방사선 검사를 통해 쉽게 확인될 수 있음에도 수술 후부터 회복하지 못한 때까지 복부 검진이나 방사선검사를 실시하지 않았다. 또한 환자의 경우 수술 전후에 비위관이 삽입되어 있어야 함에도 정신병력이 있는 환자가 비위관을 제거했을 때 그대로 방치하여 위장관 내용물이 쌓여 장의 원위부로 거의 내려가지 못하였다고 보여진다.

또한 지속적인 발열, 빈맥, 빈호흡이 나타날 때는 우선 패혈증의 유무를 확인해야 하고 검사 결과가 나오기에 시간적으로 촉발할 경우 보다 더 강력한 항생제 투여 및 항생제 교체를 하고 패혈증의 원인 제거를 위하여 수술도 고려해야 한다. 그러나 피고 병원은 이러한 조치들을 제대로 시행하지 않았고 항생제도 교체해보지 않은 과실이 인정된다.

3. 손해배상범위 및 책임제한

가. 의료인 측의 손해배상책임 범위: 기각(제1심) → 30% 제한(항소심, 상고심)

나. 제한 이유(상고심, 항소심)

① 환자는 수술 전에 이미 3일 동안 복부통증 증상을 겪다가 내원하였는데 충수돌기 천공으로 인한 범발성 복막염, 장폐색, 패혈증 의증 등 비교적 증세가 무거웠던 점

② 환자의 정신과적인 문제로 인하여 환자와의 의사소통이 원활하지 못하였던 점, 환자가 비위관을 스스로 제거하고, 기침과 객담을 뱉어내도록 설명하였으나 치료에 협조하지 않는 행위를 하기도 하였던 점

③ 피고 병원 의료진이 과실을 범한 부분 이외에는 주어진 환경에서 나름대로 노력한 점

④ 수술 후 뇌막손상으로 뇌막염이 생길 가능성과 대뇌손상의 가능성이 상당히 있는데 주치의가 수술 전날 환자 측에 이를 설명한 점

⑤ 항생제의 교체가 있었더라도 반드시 패혈증을 치료할 수 있다고 단정하기 어려운 점

다. 손해배상책임의 범위

(1) 제1심

① 청구금액: 183,403,140원

(2) 항소심, 상고심

① 청구금액: 183,403,140원

② 인용금액: 73,020,942원(일실수입 + 위자료)

4. 사건 원인 분석

의료진은 수술 전 환자에게 장폐색과 부종, 마비가 동반된 상태임을 알고 있었고, 단순 복부 방사선 검사를 통하면 장폐색의 진단 및 경과관찰이 용이함에도 수술 후 상당시간 동안 복부 검진이나 방사선 검사를 실시하지 않아 장폐색에 대한 진단 및 치료를 소홀히 하였다.

또한 환자는 천공성 충수돌기염으로 진단받아 패혈증 및 패혈증쇼크의 발생 위험률이 더 높아 보다 적극적이고 강한 대처가 필요함에도 의료진은 단순 충수절제술을 시행하였고, 수술 중 화농성 복수 및 농주머니를 확인하였음에도 미생물 배양검사나 항생제 감수성검사를 시행하지 않는 등 패혈증에 대한 조치를 취하지 않았다. 이에 대하여 자문위원은 환자의 원인감염원을 고려한 후 다른 감염요인이 존재할 상황인지 판단하여 항생제를 결정해야 한다고 하였다. 또한 환자의 나이, 전신상태, 동반이환, 장기부전 등의 다른 요인을 파악한 후 타 감염원이 존재할 상황 및 내부적인 면역저하 상태를 고려하여 초동치료에서부터 광범위 커버용 항생제를 사용하거나 혹은 염증수치 및 전신상태와 연관하여 항생제를 교체할 필요가 있다고 하였다. 일반적으로 초기 사용 항생제사용 후 2~3일이 지나면 항생제 변경을 고려하며 환자의 상태가 급작스럽게 악화되는 경우 더 짧은 주기로도 항생제 변경을 하고 있다는 의견을 주었다.

환자는 정신분열증 치료 중이어서 의료진과 의사소통이 어려웠고 기침과 객담을 뱉어내도록 설명을 듣고도 시행하지 않았으며, 스스로 비위관을 빼버리기도 하는 등 진료에 잘 협조하지 않았다. 자문위원은 실제 임상에서 환자가 진료에 협조하기 어려운 상태인 경우 그 정도를 잘 판단하여 당장은 아니지만 추후 문제 발생의 가능성이 있다면 환자와 보호자에게 앞으로 발생 가능한 상황들에 대하여 설명한 후 의무기록에 남겨두어야 한다고 하였다. 그리고 단기간 내에 심각한 위해가 발생할 수 있는 상황일 경우에는 환자와 보호자에게 발생 가능한 상황들을 설명하고 필요시에는 환자에게 진정 및 수면 등의 약물 사용 및 억제대를 적용하여 위험한 행동을 하지 못하도록 물리적 억제방법을 사용해야 한다고 하였다(〈표 18〉 참조).

〈표 18〉 원인분석

분석의 수준	질문	조사결과
왜 일어났는가? (사건이 일어났을 때의 과정 또는 활동)	전체 과정에서 그 단계는 무엇인가?	–환자 관리, 진단 및 치료 과정
가장 근접한 요인은 무엇이었는가? (인적 요인, 시스템 요인)	어떤 인적 요인이 결과에 관련 있는가?	•환자 측 –진료에 협조하지 않음 •의료인 측 –환자 상태 관찰, 진단 소홀(감염에 대한 검사 미시행) –환자 치료 소홀(감염에 대한 항생제 교체하지 않음)
	시스템은 어떻게 결과에 영향을 끼쳤는가?	

5. 재발방지 대책

원인별 재발방지 사항 제안은 〈그림 18〉과 같으며, 각 주체별 재발방지 대책은 아래와 같다.

〈그림 18〉 외과 질적 18 원인별 재발방지 사항 제안

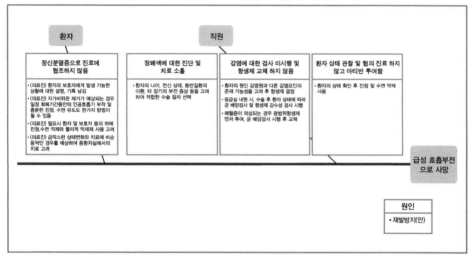

(1) 의료인의 행위에 대한 검토사항

환자가 진료에 협조하지 않을 경우 환자와 보호자에게 발생 가능한 상황에 대해 설명하고 기록으로 남겨야 한다. 환자가 자의로 비위관을 제거할 것 등이 예상되는 경우 환자 및 보호자의 동의하에 진정, 수면 약제와 물리적 억제제의 사용을 고려하고 급작스러운 상태 변화 및 환자의 비순응이 예상될 때는 중환자실에서의 치료도 고려하여야 한다.

또한 장폐색에 대한 진단 및 치료로 환자의 나이, 전신 상태, 동반질환의 이환, 타 장기의 부전 증상 등을 고려하여 적합한 수술 절차를 선택하여야 하고, 환자의 감염원과 다른 감염원의 존재 가능성을 고려하여 항생제 투여를 결정해야 한다. 수술 후 환자 상태에 따라 균 배양 검사와 항생제 감수성 검사를 시행하여야 한다. 패혈증이 의심되는 경우 광범위한 항생제를 먼저 투여하고 균 배양검사 결과에 따라 적절

한 항생제로 교체해야 한다. 또한 진정 및 수면 약제를 투여할 경우에는 환자의 상태를 직접 관찰하여 확인한 후에 투여하여야 한다.

▎참고자료 ▎ 사건과 관련된 의학적 소견[3]

○ 범발성 복막염의 증상

범발성 복막염 환자의 경우 세균이 분비하는 독소에 의해서 체온을 높이는 여러 가지 염증성 물질이 생성됨으로 인하여 몸에서 열이 나는 경우가 많고 범발성 복막염으로 장마비가 오는 경우 구토 증상을 수반하는 경우도 있다.

○ 호흡곤란과 호흡성 염기증

통상적으로 호흡곤란은 산소의 공급이 제대로 되지 않아 발생한다. 하지만 산소공급이 충분하더라도 과호흡인 경우에는 잦은 호흡으로 이산화탄소가 과다 배출되고 그 때문에 체내의 이산화탄소의 분압이 낮아져 체내의 산과 염기의 균형이 깨지게 되며, 그로 인하여 여러 문제가 발생하는 호흡성 염기증인 경우도 있다.

○ 급성호흡곤란증후군

급성호흡곤란증후군은 폐포 상피에 직접 손상을 입거나(위 내용물의 흡인, 미만성 폐감염, 폐타박상 등) 간접 폐손상(패혈증, 과수혈, 췌장염 등)에 의해 발생하게 된다. 폐포 모세혈관막의 투과성이 증가하고 미만성 폐포 손상과 폐부종이 특징적으로 나타난다. 가장 흔한 위험인자는 심한 폐부종, 회상, 위 내용물의 흡인이며 일반적으로 이러한 인자들을 가진 환자의 30~40%에서 급성호흡곤란 증후군이 발생된다. 가장 초기의 징후로는 호흡 빈도의 증가가 자주 나타나며 호흡곤란이 수반된다. 급성호흡곤란증후군은 전신적인 염증 과정 중 폐에 나타나는 소견일 수 있으며, 정상 염증성 반응의 과표현의 결과이다.

○ 장폐색

장은 식도에서 항문까지 연결된 하나의 긴 관으로 방향성을 가진다. 즉 정상적인 사람의 경우에는 항문 쪽으로 음식이든 소화된 내용물이든 대변이든 이동을 시킨다. 적절한 속도와 조화를 이루어야 배가 아프거나 변비가 생기거나 설사가 되지 않는다. 이런 정상적인 장의 고유 운동성이 상실되는 현상으로 장폐색이 있다. 크게 마비성 장폐색과 폐쇄성 장폐색이 있는데 폐쇄성 장폐색은 장의 어딘가가 막혀서 상부의 내용물이 더 이상 내려가지 못하는 경우를 말한다.

---

3) 해당 내용은 판결문에 수록된 내용입니다.

암 덩어리가 막는다거나 장이 꼬여서 장관의 내경이 좁아지는 경우, 혹은 수술 후 장유착, 장이 부어서 내경이 좁아지는 경우 등이다. 폐쇄성 장폐색의 경우 막힌 부위 상부의 정상장이 이것을 내려 보내기 위해 초기에 과도한 장운동을 더욱 더 열심히 함으로써 환자가 느끼는 복통은 비교적 더 심할 수도 있고 이에 따라 내용물이 요동침으로써 내려가야 할 내용물이 상부로 역류하여 구토, 구역 등이 더 잘 유발될 수 있다.

○ 아티반

아티반은 벤조다이아핀계 항우울계의 일종으로서 진정작용이 있어 불안, 긴장, 급성불안, 급성흥분 또는 급성조증에 효과가 있다고 알려져 있다. 반면 졸음, 현기, 두통, 이명, 보행실조, 시야몽롱, 위장장애, 소양증, 발진, 권태 등의 부작용이 있어 중증 근무력증환자, 급성 협우각녹내장 환자, 과민증 환자, 중증의 호흡기 분전 환자, 수면 무호흡 증후군 환자, 알콜 또는 약물 의존성 환자, 신생아 미숙아 등에게는 사용이 금지된다. 특히 만성기관지염 등의 호흡기 질환이 있는 환자에게 사용하는 경우에는 호흡억제가 나타날 수 있으므로 호흡기 질환이 있는 환자에게는 사용이 금지된다.

제5장

전원 관련 판례

제5장 · 전원 관련 판례

판례 19. 급성 상장간막동맥 폐색증으로 수차례 전원 후 수술을 받았
으나 환자가 사망한 사건_대구지방법원 2010. 12. 15. 선고
2009가단20724 판결

1. 사건의 개요

환자는 오심, 구토, 설사와 심한 상복부 통증으로 피고1병원 응급실에 내원하였
다. 피고1병원에서는 3일 동안 수차례 초음파 검사 등을 한 끝에 다발성위궤양 소견
으로 정밀검사와 치료를 위해 A병원으로 전원시켰다. A병원에서는 허혈성 장질환이
의심된다는 소견으로 큰 병원으로 전원할 것을 권유하였다. 이에 환자는 당일 피고2
병원 응급실로 전원하였다. 그러나 피고2병원에서는 전원될 때 연락을 받은 적이 없
고, 수술을 할 수 있는 능력을 갖춘 의사가 없다는 이유로 B병원에 전원시켰다. 이
병원에서 환자는 상장간막동맥 폐색증으로 진단받아 공장 중앙부터 횡행결장까지 절
제하는 수술을 받았으나 공장몸통부분에 대한 진단적 개복술인 2차 수술은 회복가능
성이 떨어지고 회복하더라도 단장증후군이 발생할 수 있다는 설명을 듣고 환자 가족
들이 거부하였다. 이후 환자는 C병원으로 전원하였으나 장간막동맥 혈전성 폐색증으
로 사망하였다[대구지방법원 2010. 12. 15. 선고 2009가단20724 판결].

날짜	시간	사건 개요
2009. 1. 2.	06 : 40경	• 오심, 구토, 설사, 잠을 못잘 정도의 상복부 복통 등을 호소 • 피고 D가 운영하는 피고1병원 응급실 내원(환자 여자, 나이 미상, 내원 약 1년 전부터 같은 병원에서 울혈성 심부전 및 심방세동으로 진료받으며 약 복용 중임)
	오전	• 내과의사 피고 E로부터 진료를 받고 복부초음파검사 후 입원 = 청진 상 장음의 저하 있음
		• 급성위장염을 의심하여 2009. 1. 2.~2009. 1. 6. 사이에 위장염증 치료를 위한 약물(소화성궤양용제, 항생제, 위장운동조절 진정제, 강심제, 정장제, 진통제, 위궤양약, 소화제, 혈압약, 마약성 진통제, 진경제 등)을 혼합한 정맥주사 및 근육주사, 경구용 약 등의 투여 처방 지시 • 죽 위주의 일반적인 식사를 제공하도록 함 • 흉부 및 복부 X선 검사, 복부초음파검사, 심전도검사, 혈액검사, 요검사 등을 지시
2009. 1. 2.	09 : 29경	• 단순 복부 X선 촬영 실시 = 판독 소견서에 '다발성 클립(수술흔적) 담낭절제술, 장폐색증(상복부), 퇴행성척추염' 등으로 기재됨
	09 : 57경	• 복부초음파검사 실시 = 판독소견서에 '담낭이 안보임, 간내 담관이 약간 늘어난 듯한 소견이 보임, 총담관은 정상'이라고 기재되어 있음
		• 입원 후 식사를 하지 못한 채 계속해서 간헐적인 상하복부 통증 호소
2009. 1. 3.		• 복부 통증이 심해졌다가 이내 진정되기는 하였으나, 이후 계속적으로 통증을 호소하여 계속하여 크낙 1앰플 근육주사 등을 투약
2009. 1. 4.	13 : 30경	• 상복부 통증을 지속적으로 호소하여 응급실 당직의사에게 보고됨 • 진경제 및 진통제 등 투약
	15 : 30경	• 다시 구토함
	15 : 17경	• 단순 복부X선 촬영 실시 = 판독 소견서에 '상복부 장폐색증 반응보임. 여전히 변화 없음 (2009. 1. 2.) 사진과 비교'라고 기재되어 있음
	20 : 00경	• 상하복부 통증 외 구토 여러 차례 함. 심지어 음식물이나 약을 먹으면 바로 구토를 하였음

날짜	시간	사건 개요
2009. 1. 4.		= 금식 권유. 급성위장염으로 판단. 이를 전제로 한 치료를 하였고 그 외에 다른 치료 내역은 없음
2009. 1. 5.	오전 경	• 계속하여 복부 통증 호소
2009. 1. 5.	08 : 30경	• 복부통증 심해짐
	08 : 59경	• 단순 복부X선 촬영 실시 = 판독 소견서에 '장폐색 소견은 약간 악화됨(2009. 1. 2.) 사진과 비교'라고 기재되어 있음
	09 : 05경	• 복부초음파검사 실시 = 판독소견서에는 '간내 담관이 전반적으로 약간 확장됨'이라고 기재되어 있음 • 위내시경 검사 병행하여 시행 • 혈액검사 실시 = 백혈구 수치는 12,300(정상치 4,000~9,000), 호중구 수는 93.8로 정상치를 훨씬 상회함
	11 : 00경	• 보호자들에게 결과를 설명한 후 "복부초음파 검사 결과 내외의 혈관 확장 외에는 특이사항 없으며, 위내시경 검사결과 다발성위궤양 소견으로 증상이 지속되어 정밀검사 및 치료 위해 전원한다{진단명: 급성담낭염(의증), 위궤양}."는 내용의 소견서를 작성하여 A병원으로 전원시킴
	12 : 40경	• A병원으로 전원. • CT 촬영 시행 = 허혈성 장질환이 의심된다는 소견 하에 수술이 가능한 보다 큰 병원으로 전원할 것을 권유
	16 : 30경	• A병원의 소견서를 지참하여 피고2병원으로 출발 = A병원에서 작성하여 지참된 소견서의 기재에 의하면 '심방세동 및 허혈성 장질환이 의심된다.'는 내용이 기재되어 있음
2009. 1. 5.	17 : 40경	• 피고2병원 응급실로 전원 • 응급실 당직의 진찰 = 허혈성 장질환 의심
	18 : 02경	• 상복부촉진 및 심전도검사, 혈액검사 실시 = A병원의 복부 CT 사진에 의하면 급성 상장간막동맥폐색 및 그에 따른 소장괴사 증세를 보였고 A병원의 소견서의 기재 및 여타 검

날짜	시간	사건 개요
2009. 1. 5.		사결과를 종합한 바에 의하면 같은 질환이 강력히 의심되어 즉시 수술을 할 필요가 있었음 = 당시 피고2병원에는 망인과 같은 중증혈관환자에 대한 수술을 할 수 있는 능력을 갖춘 혈관외과 교수가 부재중이었고, 그 외에는 수술 능력을 갖고 있는 의사가 없었음 = 피고2병원의 응급실 당직의들은 다시 대구 시내에 있는 주요 병원의 당직의들에게 수술 가능 여부를 문의하였는데 그 결과 같은 날 공교롭게도 대구 소재 F병원 이식혈관외과 의사들이 대부분 학회에 참석하여 당일 수술이 불가능하다는 회신을 받게 되었고, 보호자들에게 수술이 불가능하다는 것을 설명하였으며, 그러자 보호자들은 서울에 있는 병원으로 전원시키겠다고 하여 즉시 전원소견서를 써주었음
2009. 1. 5.	19 : 50경	• 피고2병원 퇴원
		• B병원에 문의한 결과 수술이 가능하다는 회신을 받고 B병원으로 감
2009. 1. 6.		• 컴퓨터단층촬영 검사결과 = 장경색을 동반한 상장간막동맥 폐색으로 결론 • 응급수술 시행 = 상부공장부터 횡행결장까지 괴사가 있었고, 이에 공장 중앙 부분부터 횡행결장까지 괴사된 소장의 일부를 절제한 후 단장증후군의 가능성 때문에 괴사가능성이 있는 근위부 공장의 일부는 남겨두는 수술을 시행함 = 패혈증 상태에서 괴사한 전체 장을 절제하게 되면 패혈증 및 단장증후군 등 수술 후 합병증이 염려되어 공장의 반 정도를 남기고 공장몸통 부분에 대해서는 이차 진단적 개복술을 할 예정이었으나, 수술을 하더라도 회복가능성이 떨어지고 회복하더라도 단장증후군이 발생할 수 있다는 설명을 들은 보호자들인 원고들이 2차 수술을 원하지 않음
2009. 1. 7.		• C병원으로 전원
2009. 1. 31.	21 : 10경	• 선행사인 장간막동맥 혈전성 폐색증, 중간선행사인 급성 장허혈성 괴사, 직접사인 패혈성 쇼크로 사망

2. 법원의 판단

가. 피고1병원 E의 진료 소홀 과실 여부: 법원 인정

(1) 환자 측 주장

피고 E는 환자에게 급성 상장간막동맥 폐색증을 예측할 수 있는 여러 사정이 있었음에도 이를 제대로 진단해내지 못하였다. 환자의 상태가 호전되지 않고 계속해서 통증을 호소하고 있는 상황 하에서 보다 정확한 진단을 위해 CT촬영 등 보다 정밀한 검사를 하였어야 함에도 입원한 상태에서 4일 동안 그대로 방치한 채 그 검사 및 진료를 소홀히 하였다. 그로써 조기에 질환을 발견하여 수술할 수 있는 기회를 상실케 하여 환자는 장이 괴사되어 수술을 받았으나 끝내 사망에 이르렀다.

(2) 의료인 측 주장

피고 E을 비롯한 피고1병원 의료진은 당시 환자의 증상에 관하여 피고 병원이 갖춘 의료시설 및 의료수준에 비추어 취할 수 있는 모든 검사 및 조치를 취하였고, 환자에게 나타난 여러 증상 및 검사결과에 의할 때 이는 전형적인 급성위장염증세로서 그 당시 도저히 상장간막동맥 폐색증을 예상할 수 있는 징표 내지 징후가 없었다. 환자의 정확한 병명을 진단하지 못한 것은 환자의 질환이 매우 특이한 것으로서 초기에 이를 진단하기 어려웠기 때문이고, 환자의 질환은 치사율이 매우 높은 위험한 질환으로 당시 피고1병원에서 이를 진단하였다 하더라도 사망의 결과 발생 가능성이 매우 높았다. 따라서 환자의 수술 후 사망 결과와 피고1병원에서의 진료행위 간에는 인과관계가 없어 피고들은 책임이 없다.

(3) 법원 판단

피고 E은 환자의 당시 증상 및 기타 진단 결과에 의한 징후를 토대로 상장간막동맥 폐색증과 같은 허혈성 장질환을 의심할 수 있었으므로 이를 전제로 한 정확한 검사를 통해 이를 발견하여 적절한 조치를 취했어야 한다. 또는 피고1병원에서의 검사가 불가능한 사정이 있거나 본인이 이를 할 수 없는 사정이 있었다면 최소한 다른 큰 병원에로의 전원조치 등을 통해 빠른 진단 내지 처치를 받을 수 있도록 하였어야 할 주의의무가 있었다. 그럼에도 단순히 혈액검사, 심전도 검사와 감별력이 떨어지는 복부X－선 검사, 복부초음파검사, 위내시경 등만을 실시하였고, 그나마 실시한 검사 결과로도 이를 단순히 급성위장염으로 단정 짓고 환자에게 진통제, 위장약 등만을 처방한 채 주말이라는 이유로 3일간 응급실에 방치하였다. 따라서 피고 E는 환자의 상태에 충분히 주의하고 위험방지를 위하여 필요한 최선의 주의를 기울여야 할 의사로서의 진단 및 치료에 관한 주의의무를 다하지 아니한 잘못이 있다.

상장간막동맥 혈전증은 진단이 어렵고 발병 시 사망률이 높지만 신속한 진단 하에 응급개복술을 시행하면 치료의 성공률을 높일 수 있는 질환이다. 만약 피고 E가 초기에 복부 CT 촬영 등을 제대로 시행하였거나 전원조치 등을 빨리 취하였다면 보다 빨리 진단할 수 있었고, 그 경우 장괴사로 진행되는 것을 막을 수 있었거나 또는 장괴사가 이미 진행된 단계이었다 하더라도 비교적 조기에 장괴사가 덜 진행된 상태에서 적절한 수술적 치료로 대처함으로써 그 후유증을 최소화하여 생존율을 높일 수 있었다고 보인다. 따라서 피고 E의 위와 같은 과실과 망인의 사망 사이에 인과관계 또한 인정된다.

나. 피고2병원의 수술시행의무 위반 여부: 법원 불인정

(1) 환자 측 주장

피고2병원은 제3차 의료기관으로서 환자와 같은 질환에 대한 수술을 할 충분한 능력이 있다. 따라서 그 병원에 전원된 환자에 대하여 최선을 다하여 즉시 수술을 시행할 의무가 있었다 그럼에도 불구하고 이를 시행할 이식혈관 전문의가 부재중이라는 이유만으로 그 위험을 회피하고 환자를 타 병원으로 전원시킴으로써 사망에 이르게 하였다. 또한 그와 같은 수술시행의무를 위반한 회피행위 내지 응급처치를 할 수 있는 의료진을 확보하지 못한 과실 또한 환자의 사망과 인과관계가 있으므로 손해를 배상할 책임이 있다.

(2) 의료인 측 주장

피고2병원에서는 당시 환자의 내원 이후 취할 수 있는 모든 검사 및 조치를 다 취하였다. 이 사건 질환과 관련된 수술은 매우 전문적인 고도의 기술과 능력을 요하는 것으로서 당시 피고2병원 응급실에는 이를 시행할 수 있는 의료진이 없었다. 또한 혈관외과수술 또는 장절제술을 해낼 수 있는 의사 또한 부재중이어서 당시 피고 병원에서는 수술이 불가능하였던 관계로 대구 시내 다른 3차 의료기관에 수소문하였음에도 대구 소재 병원에서는 이를 감당할 병원이 없음을 확인하고서 비로소 서울 쪽으로 전원할 것을 권유하였던 것이다. 그와 같은 응급실 운영상황이 관련 법규를 위반한 것도 아니었으며, 제반 법령의 규정을 모두 준수하고 있었고, 더욱이 사전에 환자 측이나 A병원으로부터 수술을 전제로 한 어떠한 전원을 통지받은 적도 없어 이를 준비할 수 있는 상황 또한 아니었던 점에 비추어 피고2병원의 과실이 인정된다고 할 수 없다.

(3) 법원 판단

피고2병원은 환자의 전원과 관련하여 취할 수 있는 조치를 모두 취하였다고 보며, 이 사건 질환에 대한 수술은 그 난이도가 어려운 수술로서 당시 수술을 할 수 있는 능력을 갖춘 의료진이 없어 환자에 대한 수술을 실시하지 못하였다 하더라도 현실적으로 기대 가능한 의료수준 이상의 치료까지를 요구할 수는 없어 피고2병원 의료진에게 어떠한 주의의무 위반이 있다 할 수 없다. 나아가 고난이도의 수술이 가능한 전문의를 응급실에 배치하여 만일의 경우에 발생할 응급환자에 대비하지 않았다는 사정 자체만으로 과실이 있다고 하기도 어렵다.

3. 손해배상범위 및 책임제한

가. 의료인 측의 손해배상책임 범위: 50% 제한

나. 제한 이유

① 상장간막동맥 혈전증은 조기에 진단하기가 어렵고 급성 상장간막동맥 폐색증의 사망률은 매우 높은데, 사망률이 높은 이유는 조기 진단이 어렵기 때문인 점
② 광범위한 장 괴사가 있은 후 수술을 통하여 소장을 절제하게 되면 단장증후군을 피할 수 없고, 결국 단장증후군으로 인한 합병증 등으로 사망에 이르게 되는 점
③ 질환 자체가 발병 빈도는 낮으나 일단 발생하면 병의 경과는 매우 급속하게 진행되어 예후가 매우 불량한 치명적인 질환인 점

다. 손해배상책임의 범위

(1) 청구금액: 83,999,993원
(2) 인용금액: 35,500,000원
 - 장례비: 1,500,000원(장례비 3,000,000원×0.5)
 - 위자료: 34,000,000원

4. 사건 원인 분석

본 사건에 대해 자문위원은 급성 복통에 있어 상장간막동맥폐색증은 흔한 원인이 아니며 증상이 특징적이지 않아서 진단 자체가 어렵다고 하였다. 그러나 심방세동의 병력이 있는 환자에게는 꼭 감별해야 하는 질환으로, CT 촬영을 하여 감별하여야 한다고 하였다. 괴사가 빠르게 진행되어 수술로 혈전을 제거하는 것 이외에는 치료방법이 없어 이 질환이 의심된다면 가능한 빨리 진단과 치료가 필요하지만 이와 같은 혈관수술을 할 수 있는 의료진이 아직까지 상급의료기관에 주로 있는 것이 현실이라고 하였다. 또한 혈전제거술을 하고 장절제를 하였다면 환자의 생명의 연장가능 가능성이 있을 수 있다고 하였다.

병원에 검사가 불가능한 사정이 있을 시 다른 병원으로의 전원 조치를 취해 빠른 진단이나 처치를 받을 수 있도록 하여야 한다. 그럼에도 피고1병원 의료진은 정밀한 검사 시행을 하지 않은 채 급성위장염이라고 단정 짓고 주말이라는 이유로 3일 동안 위장약 등만을 처방한 채 응급실에 방치하였다. 주말에 응급환자에 대한 조치가 미흡한 점에 대하여 주말에 응급환자에 대한 진료를 보는 의료진 및 응급 수술 체계를 위한 수가를 개선하여야 하고 전문성 있는 의료진 교육 및 전문의 책임 제도를 마련하여야 한다는 자문의견이 있었다(〈표 19〉 참조).

〈표 19〉 원인분석

분석의 수준	질문	조사결과
왜 일어났는가? (사건이 일어났을 때의 과정 또는 활동)	전체 과정에서 그 단계는 무엇인가?	– 환자 사정 및 진단 단계
가장 근접한 요인은 무엇이었는가? (인적 요인, 시스템 요인)	어떤 인적 요인이 결과에 관련 있는가?	• 환자 측 – 기왕증(울혈성 심부전 및 심방세동으로 약 복용 중임) • 의료인 측 – 환자 사정 및 상태 파악 미흡(오심, 구토 등 이상 증상에도 정밀검사 미시행)
	시스템은 어떻게 결과에 영향을 끼쳤는가?	• 의료기관 내 – 주말 응급환자에 대한 조치 교육 미흡 • 법·제도 – 응급 수술 체계를 위한 수가 문제

5. 재발방지 대책

원인별 재발방지 사항 제안은 〈그림 19〉와 같으며, 각 주체별 재발방지 대책은 아래와 같다.

〈그림 19〉 외과 질적 19 원인별 재발방지 사항 제안

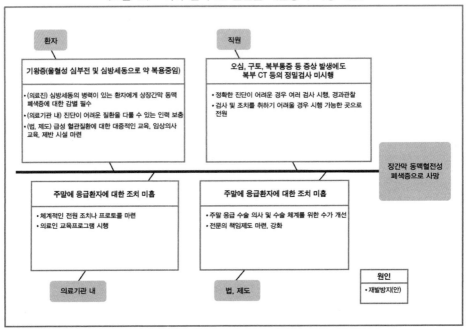

(1) 의료인의 행위에 대한 검토사항

심방세동의 병력이 있는 환자에게 상장간막 동맥폐색증에 대한 감별은 필수적이다. 또한 환자의 이상 증상 호소에도 정확한 진단이 어려운 경우 CT 등 여러 검사를 시행하고 경과를 관찰하여야 하며, 검사 및 조치를 시행하기 어려운 경우에는 적절한 처치가 가능한 타 의료기관으로 전원해야 한다.

(2) 의료기관의 운영체제에 관한 검토사항

환자의 상태에 대한 진단이 어려울 경우 이러한 질환을 다룰 수 있는 인력을 보충하여야 한다. 더불어 주말에 응급환자에 대한 조치가 미흡한 점에 대하여 관련 분

야의 의료인을 대상으로 교육을 시행하여야 하며, 체계적인 전원 조치나 프로토콜을 마련하여야 한다.

(3) 국가·지방자치체 차원의 검토사항

주말에 응급환자에 대한 조치가 원활하게 이루어질 수 있도록 주말의 응급 수술 의사 및 수술 체계를 위한 수가를 개선해야 한다. 또한 전문의 책임 제도를 마련하고 강화하여야 한다.

│ 참고자료 │   사건과 관련된 의학적 소견[1]

1. 상장간막동맥폐쇄증

○ 상장간막동맥은 소장 전체와 결장의 일부에 영양을 공급하는 혈관으로서 급성 상장간막동맥폐쇄는 상장간막동맥이 색전이나 혈전으로 인해 폐쇄되는 경우 발생하는 질환으로, 상장간막동맥이 폐쇄되는 경우 장으로 연결된 혈류가 차단됨에 따라 장의 허혈이 오고 더 진행되면 장의 괴사가 일어나게 된다. 상장간막동맥 폐쇄로 인해 장괴사가 발생한 경우 그 원인이 색전 혹은 혈전인 경우 이를 제거하여야 하고, 때로는 혈관우회술을 시행하여야 하며, 간혹 장절제가 필요한 경우도 있다. 위와 같은 색전 및 혈전 제거술, 혈관우회술, 장절제술 등의 경우 수술 전 수술방법에 대한 선택이 선행되어야 하며, 개복술을 한 후에는 육안으로 질병의 상태를 확인하여야 하고, 그에 따른 수술 방법 및 절제의 범위를 선택함에 있어서는 많은 임상경험이 필요하므로, 이에 대한 수술은 혈관외과의사가 반드시 참석하여야 한다.

○ 급성 상장간막동맥 색전증의 임상 증세로는 모든 예의 경우에서 복통이 관찰되었는데, 부위별로 보면 범발성 복통, 상복부 복통 등이 주된 증상이고 가끔 우하복부에 국한된 경우가 있었으며, 구토 내지 설사 등이 주로 관찰되고, 동반질환으로는 심장질환 그 중 특히 심방세동, 심장판막 질환이 가장 많으며, 그 외 혈관질환 등이 동반된다.

○ 급성 장간막 허혈성 질환의 진단의 경우 병력 청취와 이학적 검사만으로 진단되어 수술을 한 예도 있으며, 그 진단에 주로 사용되는 방법으로는 복부 전산화 단층촬영, 혈관조영술, 수술시야에서 수술 소견으로 진단을 하는 경우 등이 있는데, 복부 전산화 단층촬영을 시행한 대부분의 경우 그에 합당한 진단이 가능한 것으로 나타났으며, 진단 검사 중에서는 혈관조영술이 가장 정확도가 높았다.

○ 급성 상장간막동맥 폐쇄증이 발병한 대부분의 환자들은 갑자기 시작된 배꼽주위의 복통으로 내원하게 되며 구토나 혈변을 포함한 설사가 일부에서 동반된다. 통증은 갑작스럽게 시작되며 진통제로도 조절이 되지 않을 정도로 심하다. 반면에 압통은 그다지 심하지 않은 것으로 알려져 있지만 초기의 진찰 소견은 비특이적이며, 진행되면 복막염의 증상을 보이고, 혈액검사에서도 백혈구 증가증과 lactate dehydrogenase, D-dimmer, CRP, amylase, phosphate 등의 증가가 나타나기도 한다. 한편 같은 질환이 발병한 대부분의 환자들은 고혈압, 부정맥 또는 최근의 심근경색의 과거력을 가지고 있었고, 그 중에서 가장 많은 수를 차지하는 것은 심방세

---

1) 해당 내용은 판결문에 수록된 내용입니다.

동으로 이는 대상 환자의 거의 50%에서 보고되었다. 따라서 급성 장간막동맥폐쇄의 진단은 심장질환의 기왕력이 있는 환자에서 강력한 의심을 하는 것이 가장 중요하다.

○ 급성 장간막동맥 색전증은 고령의 환자에게서 주로 나타나며 그 경우 비특이적인 복부동통을 호소하고, 상장간막 허혈성 질환이 의심되는 경우 특히 백혈구 증가증과 쇼크가 동반되어 나타나기도 하는데, 이때 숙련된 혈관 외과의의 참여에 의해 가능한 적절한 진단 방법을 이용하여 적극적으로 진단하여 빨리 치료하는 것만이 보다 양호한 결과를 기대할 수 있다.

○ 급성 상장간막동맥폐쇄증의 사망률은 44%에서 93%까지 보고되어 있으며, 일반적으로 60% 이상이어서 그 사망률이 매우 높다.

제6장

설명 의무 관련 판례

판례 20. 충수돌기절제술 이후 개복술 및 혈관조영술 시행_대전지방법원 2011. 2. 10. 선고 2009가단21796 판결

1. 사건의 개요

환자는 하복부 통증으로 피고 병원에 내원하였다. 피고 병원의 의사는 환자에게 혈액검사 및 CT 촬영을 시행하여 급성 충수돌기염으로 진단하였다. 이에 따라 투관침을 삽입하여 복강경하 충수돌기절제술을 시행하였다. 수술 종료를 위한 점검 과정에서 장간막에서 붉은 형상을 발견하고 혈관 손상을 의심하여 개복술을 실시하였다. 하지만 출혈이 관찰되지 않아 개복술을 종료하였다. 직후 시행한 그런데 CT 및 혈액검사 결과 혈관 손상에 의한 출혈 양상을 보여 혈관조영술 및 스텐트 삽입 시술을 시행하였다[대전지방법원 2011. 2. 10. 선고 2009가단21796 판결].

날짜	시간	사건 개요
2008. 10. 3.경		• 하복부 통증 발생하여 피고 병원 내원(환자 여자, 나이 미상) • 혈액검사 및 복부 CT 시행 = 급성 충수돌기염 진단 받음
	19 : 30경	• 투관침을 삽입하고 복강경하 충수돌기절제술 시행
2008. 10. 3.경	20 : 20경	• 충수돌기 제거 후 수술을 종료하기 위해 출혈 및 손상여부를

날짜	시간	사건 개요
2008. 10. 3.경		점검하던 과정에서 장간막에 붉은 형상을 발견 = 혈관손상 의심 • 수술 진행 중 혈압 100~120/50~60mmHg, 산소포화도 100% 로 정상적인 활력징후 상태
	20 : 45경	• 개복술 준비
	20 : 53경	• 채혈 후 개복술 시행하였으나 장간막의 손상만 보이고 출혈 이 관찰되지 않음 = 후복막 혈관손상의 가능성만 확인하고 개복술 종료
	20 : 25~ 21 : 00경	• 수축기 혈압 85~90mmHg
	21 : 40경	• 중환자실로 이동

	그 직후	• CT촬영 및 혈액검사 시행
		= 혈관손상에 의한 총장골동맥가성동맥류와 후복강 출혈 양
		  상 보여 혈관조영술 및 총장골동맥에 대한 스텐트 삽입
		  결정

	23 : 50경~	• 인조혈관−피복스텐트를 가성동맥류가 있는 우측 총장골동
2008. 10. 4.	00 : 45경	맥에 위치시키는 혈관조영술 및 스텐트 삽입 시술 시행
2008. 10. 10.		• 피고 병원 퇴원

2. 법원의 판단

가. 충수돌기절제술 시행 과정에서의 과실 여부: 법원 불인정

(1) 원고 측 주장

환자가 이미 2회에 걸쳐 제왕절개 수술을 시행했던 기왕력이 있는데도 의사가 개복술이 아닌 복강경 수술을 시행하였다. 그 과정에서 장기 또는 혈관이 손상되지 않도록 숙련된 전문의로서 고도의 주의를 기울였어야 함에도 이를 게을리 한 채 무리하게 시술하여 혈관손상을 초래하였고, 2차로 개복술, 3차로 혈관조영술까지 받도록 한 과실이 있다.

(2) 법원 판단

'복강경 수술'의 주된 합병증이 장관, 요관, 혈관손상 등인 점, 복강경 수술시 투관침으로 인한 혈관손상이 0.04~0.5% 발생할 확률이 있다고 보고되어 있으며, 총장골동맥은 해부학적으로도 제4요추 하단에서 좌우로 나뉘어지는 동맥으로 투관침 삽입부위인 배꼽의 위치에 근접해 있는 점, 환자의 경우 체중 45kg의 마른 체형으로 복강이 좁은 편에 속하는 점 등 여러 사정에 비추어 볼 때, 수술 과정에서 발생한 혈관손상은 의사가 수술과정에서 의사에게 요구되는 주의의무를 제대로 기울이지 아니한 채 무리하게 투관침을 삽입하여 발생하였다고 단정하기에는 부족하고, 달리 이를 인정할 증거가 없다.

나. 충수돌기절제술 이후 조치에서의 과실 여부: 법원 불인정

(1) 원고 측 주장

총장골동맥 손상은 투관침 삽입 때부터 있었으므로 그 때부터 출혈이 있었는데도 의사가 복강경 수술을 시작하여 종료시까지 이를 알지 못하다가 수술 종료 과정에서야 혈관손상을 의심하고 진단적 개복술을 시행하였다. 그리고 개복술 때에도 후복막에 경미한 출혈 소견이 있다는 이유로 후복막 부위를 관찰하여 손상부위를 찾지 않고 개복술을 종료하여 계속된 출혈로 가성동맥류까지 발생하도록 함으로써 3차 수술인 혈관조영술을 시행할 수밖에 없게 하였다.

(2) 법원 판단

충수돌기절제술 이후 2차 개복술과 3차 혈관조영술을 받게 조치한 과정에서 의사에게 의료상의 과실이 있었다고 단정하기 어렵다. ① 의사는 20 : 20경 충수돌기를 제거한 후 수술 종료를 위해 출혈 및 손상여부를 점검하던 과정에서 원고의 장간막에 붉은 형상을 발견하고 혈관손상을 의심한 후 20 : 45경 개복술을 준비하고 20 : 53경 채혈을 하였다. ② 환자의 혈압은 20 : 00경부터 20 : 20경까지 수술 진행 중에는 수축기 혈압 100~120mmHg, 이완기 혈압 50~60mmHg, 산소포화도 100%로 정상적인 활력징후 상태였고 20 : 25부터 21 : 00경까지 원고의 수축기 혈압이 85~90mmHg로 이전에 보였던 수치보다 다소 떨어지기는 했으나 거의 정상적인 범주에 있었던 것으로 보여 혈관손상으로 인한 출혈을 의심할 정도는 아니었다. ③ 의사는 개복 당시 복강 내 출혈은 없는 상태에서 후복막 혈종은 있었으나 커지지 않았으므로 후복막 절개가 아닌 혈관조영술 등 중재적 영상의학과적인 방법을 통해 치료를 시행하는 것이 과도한 출혈의 위험성을 감소시키고 혈관손상 부위를 정확한 확인을 통해 안전하게 치료할 수 있다고 판단하여 그와 같이 시술한 것으로 보이므로 총장골동맥 손상을 발견하지 못하여 치료를 지연시킨 것으로 판단하기는 어렵다.

다. 설명의무위반 여부: 법원 인정

(1) 원고 측 주장

의사는 복강경하 충수돌기절제술 이외의 다른 수술방법이나 각 수술에 따른 후유증이나 부작용 등에 관하여는 전혀 설명하지 않았다.

(2) 피고 측 주장

의료진은 구두로 다른 수술 방법이 있다는 것과 각 수술방법의 차이를 비교 설명하였다.

(3) 법원 판단

의료진이 수술을 시행하기 이전에 환자와 보호자에게 복강경 이외에 개복술 등 대체할 수 있는 다른 수술 방법이 있다는 것과 각 수술방법의 장, 단점을 비교 설명했다는 사실을 인정하기 어렵다.

3. 손해배상범위 및 책임제한

가. 의료인 측의 손해배상책임 범위: 위자료만 인정

나. 위자료 인정 이유

의사가 설명의무를 위반한 채 복강경 수술을 시행하여 환자가 선택의 기회를 잃고 자기결정권을 행사할 수 없게 되었으므로 위자료 배상책임을 인정한다. 환자의 나이, 가족관계, 재산 및 교육정도, 사고의 경위와 결과, 설명의무 위반의 정도, 그 밖에 이 사건 변론에 나타난 제반 사정 등을 고려하여, 설명의무위반으로 인한 위자료 액수를 정한다.

다. 손해배상책임의 범위

(1) 청구금액: 41,125,091원
(2) 인용금액: 5,000,000원(위자료)

4. 사건 원인 분석

환자에게 제왕절개 수술력이 있음에도 의료진은 복강경 이외에 개복술의 수술 방법에 대해 고려하지 않고 복강경하 충수돌기절제술을 진행하여 출혈이 발생한 것으로 환자 측은 주장한다. 그러나 이에 대하여 자문위원은 의사가 복강경으로 조심스럽게 탐색을 한 다음 필요시 개복술로 전환하려는 계획을 잡았을 것으로 보이며 복강경 수술이 금기 사항은 아니며 의사의 판단에 의하여 시행할 수 있다고 하였다.

의사는 복강경하 충수돌기절제술의 종료 과정에서 장간막에 붉은 형상을 발견하고 혈관손상을 의심하여 개복술을 시행하였지만 후복막 혈관손상의 가능성만 확인하고 종료하였다. 복강경 수술시 투관침에 의한 혈관손상은 배쪽에서 등쪽을 찌르는 형식의 손상으로, 주로 복강 내로 출혈의 소견이 보이게 되어 복강경으로 자세히 관찰하면 보이는 경우가 대부분이지만 본 사건에서는 후복막 출혈이 발생하여 그 발생

〈표 20〉 원인분석

분석의 수준	질문	조사결과
왜 일어났는가? (사건이 일어났을 때의 과정 또는 활동)	전체 과정에서 그 단계는 무엇인가?	-수술 시행 단계
가장 근접한 요인은 무엇이었는가? (인적 요인, 시스템 요인)	어떤 인적 요인이 결과에 관련 있는가?	• 환자 측 -기왕력(두 차례의 제왕절개 수술력) • 의료인 측 -수술 중 과실(복강경 수술 중 혈관 손상)
	시스템은 어떻게 결과에 영향을 끼쳤는가?	

기전이 잘 이해가 되지 않는다는 자문의견이 있었다. 본 사건에서는 출혈이 느리고 양이 적었던 것으로 보여 투관침이 복막을 뚫지 않고 후복막에 있는 혈관에 타박상만을 줬다가 이로 인해 그 부위가 약해지면서 가성동맥류 등이 발생한 것으로 추정된다고 하였다. 이런 경우는 흔치 않아 의사가 의심하기 힘들었을 것이며 또한 관찰하기 쉽지 않았을 가능성이 있다고 하였다(〈표 20〉 참조).

5. 재발방지 대책

원인별 재발방지 사항 제안은 〈그림 20〉과 같으며, 각 주체별 재발방지 대책은 아래와 같다.

〈그림 20〉 외과 질적 20 원인별 재발방지 사항 제안

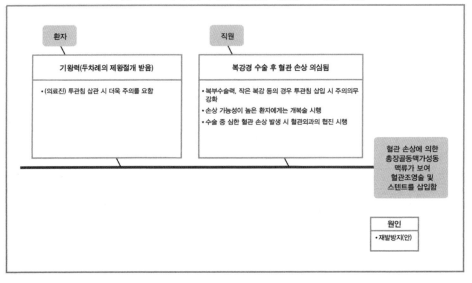

(1) 의료인의 행위에 대한 검토사항

복부 수술력, 작은 복강 등의 손상 가능성이 높은 환자에게 복강경 수술을 시행할 경우 손상이 발생하지 않도록 더욱 주의를 기울여야 하며, 복강경 수술 대신 개복술을 고려하여야 한다. 만일 수술 중 심한 혈관 손상이 발생하였다면 혈관외과와의 협진을 통하여 적절한 처치를 할 수 있도록 한다.

제7장

결 론

제7장 결 론

　외과는 산부인과 등과 같이 의료사고가 상대적으로 많이 일어나는 분야라 할 수 있다. 외과 의료소송 판결문을 분석한 결과 법원에서 많이 인정한 귀책사유 의료행위는 진단, 수술, 치료처치, 검사, 응급조치, 마취, 주사 및 투약 등이었다. 진단의 경우 필요한 검사를 시행하지 않아 오진한 경우가 많았다. 또한 치료를 하였음에도 증세의 호전이 없어 다른 질환의 가능성을 의심하였어야 함에도 간과하는 등의 이유로 진단이 지연된 경우도 있었다.

　수술의 경우는 먼저 주의를 기울이지 않아서 발생한 사건들이 있었다. 충분한 주의를 기울이지 않아 천공이 발생하여 복막염, 패혈증으로 진행된 경우, 동맥 손상으로 과다출혈이 발생한 경우, 신경 손상으로 장애를 초래한 경우 등이 있었다. 그 외에는 문합부 과다 출혈, 수술 방법 및 수술 시기에 대한 결정이 부적절한 경우도 있었다.

　환자에게 제공한 치료처치가 적절하지 못한 경우로는 기관 내 삽관을 실시함에 있어 튜브를 정확하게 위치시키지 못하여 공기가 새는 상태로 환자를 방치해둔 사례가 있었다. 환자가 특별한 주의가 필요한 상태였거나 이상증상이 발생하였음에도 환자 관찰을 소홀히 하여 환자에게 필요한 치료가 제공되지 못하거나 지연되어 환자의 증세가 악화된 경우도 있었다.

　검사와 관련하여 인정된 귀책사유 의료행위로는 검사 결과를 무시한 경우로 추가 검사가 필요하다는 결과나 불완전한 판단이 나왔음에도 정상소견으로 간주하고 추가적인 정밀 검사를 시행하지 않은 사례가 있었다. 다음으로는 검사 결과를 잘못 판독하여 환자의 이상 증상의 원인을 발견하지 못한 경우가 있었다. 이러한 검사와 관련된 오류는 결국 오진으로 이어져 환자에게 필요한 치료를 제공하지 못한 경우로 이어졌다.

응급조치와 관련된 귀책사유 의료행위는 응급조치를 시행하여야 할 적절한 시기를 놓친 것으로 환자에 대한 관찰이 소홀하거나 환자 상태에 대한 상황파악 및 대처가 미흡한 점이 응급조치 지연으로 이어진 경우였다.

마취와 관련된 귀책사유 의료행위로는 환자의 상태를 확인할 수 있는 기기 없이 마취를 시행하여 응급조치시기를 놓친 경우가 있었다. 마취 전 환자에게 마취제 투여에 문제가 없는지에 대해 아무 검사 및 진단을 하지 않아 문제가 발생한 사례도 있었다. 주사 관련 귀책사유 의료행위로는 주사제의 농도와 주사 속도의 조절이 적절하지 않은 점이 과실로 인정된 경우가 있었다. 투약과 관련해서는 환자가 이상증상을 보인데도 필요한 약제를 투여하지 않은 점이 과실로 인정된 경우가 있었다.

의료행위 외에 의료진의 책임이 인정된 경우는 대부분 설명 및 동의와 관련해서이고 그밖에 진료기록과 관련된 경우가 있었다. 설명 및 동의와 관련해서는 의료진이 환자에게 시술 및 수술을 결정함에 있어 현 환자의 증상, 치료 방법, 치료의 필요성, 여러 시술·수술의 장단점, 발생가능한 부작용, 위험성에 대해 설명하여야 함에도 이를 제대로 하지 않아 위자료를 지불하게 된 경우들이 있었다. 진료기록과 관련해서는 수술기록지 및 진료기록지에 환자의 진단명, 수술 부위를 잘못 기재한 과실이 인정된 경우들이 있었다. 이런 과실로 전원을 받은 타 의료기관의 의료인이 환자의 상태를 판단하는데 시간이 지연되고 이것이 결국 치료 지연으로 이어지게 된 경우 등이 문제되었다.

외과에서의 의료사고를 줄이기 위해 먼저 환자는 본인의 기왕증 및 수술력, 과거력, 그리고 당뇨, 고혈압 등에 대해 의사에게 철저하게 고지하는 것이 필요하다. 다음으로 의료인이 노력해야 할 점은 다음과 같다.

① 환자가 이른 퇴원을 요청하면 당장 퇴원해서는 안 되는 이유를 충분하게 설명하고 만류하여야 한다. 그리고 환자 및 보호자에게 적절한 퇴원 교육을 하여 퇴원 후에도 환자 관리가 제대로 이루어질 수 있도록 한다.

② 환자의 특성 상 시술 및 수술의 위험성이 높을 경우, 더욱 더 주의를 기울여

서 시술·수술을 시행하여야 하고 다른 시술·수술 방법을 고려하여야 한다.

③ 여러 가지 검사 및 치료방법이 있을 시에는 집도의가 직접 각 검사 및 수술 방법의 장단점을 설명하여 환자의 자기결정권을 존중하고 환자와의 신뢰 구축을 하여야 한다.

④ 적절하고 신속한 검사를 시행해야 한다. 양성과 악성 병변을 감별하고 응급 및 만성적 상황을 고려하여 원인 규명을 위한 검사를 시행한 후 알맞은 처치를 시행하여야 한다.

⑤ 환자가 통증호소 등의 증상을 보일 시 의료인이 직접 환자를 관찰하고 진찰하여 환자의 증상이 주관적인 증상인지 추가적인 조치가 필요한 증상인지 판단하여야 한다. 또한 수술 전에 환자의 마비 여부 및 상태를 확인한 후 기록으로 남겨 수술 후에 비교할 수 있도록 해야 한다.

⑥ 환자가 감염 증상을 보일시에는 CT 등의 검사와 항생제 투여 및 수술적 배농을 고려하여야 한다.

⑦ 환자의 나이, 전신 상태, 동반질환의 이환, 타 장기의 부전 증상 등을 고려하여 적합한 수술 절차를 선택하여야 한다. 또한 수술전에 환자를 면밀히 관찰하고 확인하여 수술 시행이 가능한 상태인지 판단하여야 한다.

⑧ 수술 중 손상의 가능성에 대해 인지하고 특히 염증이 심하거나 수술력이 있는 환자에 대해 수술을 할 경우에는 더욱 조심스럽게 수술을 진행해야 한다. 수술 중 손상이 의심되는 경우에는 수술 중에 손상 여부 확인을 위한 검사를 시행하여야 한다.

⑨ 수술 후 환자의 상태와 증상 호소에 주의를 기울여 이상 증상이 발생하였을 경우, 검사를 시행하여 발생 원인을 파악하고 그에 맞는 적절한 치료를 시행하여야 한다.

⑩ 수술 전 마취를 시행할 경우 환자의 신장, 체중, 기왕력, 나이, 수술의 종류, 수술 시간, 수술시 체위 등을 고려하여 적정량의 마취 용량을 결정하여 투여하여야 한다. 또한 반드시 마취과 의사가 마취를 시행하도록 한다.

⑪ 의료기관의 여건 상 환자에게 필요한 검사 및 조치를 시행하기 어려운 경우에는 해당 처치시행이 가능한 타 의료기관으로 전원하여 환자가 적절한 처치를 받을 수 있도록 한다.

의료인에게 요구되는 것들은 이외에도 많다. 의료인이 막중한 임무를 잘 감당할 수 있게 하려면 의료기관, 학회·직능단체·국가·지방자치단체 등의 지원 역시 병행되어야 한다.

본 연구와 같이 의료소송 판결문 자료를 활용하여 사고의 원인 및 재발방지 대책을 제시한 연구에는 한계점이 존재한다. 법원에서 판결문을 제공받을 시 의무기록, 검사결과기록시 등이 제공되지 않으며, 해당 사고의 정황을 정확하게 파악하기 위한 정보가 삭제되어 있는 경우도 있다. 또한 분석을 진행하는 사람에 따라 관점 및 중요하게 생각하는 사항이 다르다는 한계점도 있다.

이러한 한계점에도 불구하고 환자안전사고 보고학습시스템이 운영 초기 상태이고 의료기관 내 환자안전사건 정보가 외부로 공개되지 않는 우리나라의 현재 상황에서는 의료분쟁 및 의료소송 자료를 활용하여 원인 및 재발방지 대책을 제시하는 것이 환자안전 체계 구축 및 정책 제안에 도움이 될 수 있다.

추후에는 환자안전사고 보고학습시스템에 보고된 자료의 분석 및 공유, 의료기관의 학습 등의 과정을 통해 우리나라의 환자안전이 향상될 것으로 기대된다.

공저자 약력

김소윤
연세대학교 의과대학 의료법윤리학과, 연세대학교 의료법윤리학연구원
예방의학전문의이자 보건학박사이다. 현재 연세대학교 의과대학 의료법윤리학과장을 맡고 있다.
보건복지부 사무관, 기술서기관 등을 거쳐 연세대학교 의과대학에 재직 중이며, 보건대학원 국제
보건학과 전공지도교수, 의료법윤리학연구원 부원장, 대한환자안전학회 총무이사 등도 맡고 있다.

이미진
아주대학교 의과대학 인문사회의학교실
보건학박사이다. 현재 아주대학교 의과대학 인문사회의학교실에 재직 중이며, 대한환자안전학회
법제이사를 맡고 있다.

김충배
한국의료분쟁조정중재원
외과 전문의이다. 연세의대 외과학 교수, 연세의대 의료법윤리학과 겸임교수, 세브란스병원 진료
부원장, 외과부장 등을 역임하였고, 전국 각급 법원의 감정의사 및 손해보험 외과 감정위원으로
활동하였다. 현재 한국의료분쟁조정중재원의 비상임조정위원으로 활동 중이다.

지경천
중앙대학교 의과대학 외과학교실
외과 전문의이자 의학박사이다. 중앙대학교 의과대학 외과학교실 주임교수, 대한외과학회 상임
이사, 행정자치부 순직보상심의위원을 역임하고, 현재 중앙대학교병원 외과교수로 재직 중이며,
대한위암학회 이사, 법원행정처 전문심리위원, 의료분쟁조정중재원 감정위원으로 활동 중이다.

강원경
가톨릭대학교 의과대학 외과학교실
의학박사이며 외과전문의, 대장항문외과 분과전문의이다. 현재 여의도 성모병원 외과 과장과 외래
부장 및 대한대장항문학회 내시경관리 상임이사를 맡고 있다.

이 원
연세대학교 의과대학 의료법윤리학과, 연세대학교 의료법윤리학연구원
보건학박사이다. 중앙대학교 간호대학을 졸업한 후 삼성서울병원에서 근무하였다. 연세대학교에서
보건학석사와 박사 학위를 취득하였으며, 현재 연세대학교 의과대학 의료법윤리학과에서 박사후
과정 및 의료법윤리학연구원에서 연구원으로 재직 중이다.

정지연
한국과학기술기획평가원
보건학석사이다. 가천대학교 보건행정학과를 졸업한 후 연세대학교 대학원 의료법윤리학협동과
정에서 보건학석사를 취득하였다. 연세대학교 의료법윤리학연구원에서 근무하였으며, 현재 한국
과학기술기획평가원(KISTEP) 생명기초사업실에서 연구원으로 재직 중이다.

유호종

연세대학교 의과대학 의료법윤리학과

철학박사로 서양철학(윤리학) 전공이다. 현재 연세대학교 의과대학 의료법윤리학과 연구교수로 ELSI 센터 프로젝트 등에 참여하고 있다. 〈의료문제에 대한 윤리와 법의 통합적 접근: 의료법윤리학서서설(공저, 동림사)〉〈고통에게 따지다(웅진지식하우스)〉〈죽음에게 삶을 묻다(사피엔스 21)〉 등을 저술하였다.

이세경

인제대학교 의과대학 인문사회의학교실

가정의학전문의이자 의학박사, 법학박사이다. 현재 한국의료법학회 이사, 고신대학교 생리학교실 외래교수를 맡고 있으며, 연세의료원에서 가정의학과 전공의 과정을 수료하였다. 연세대학교 의료법윤리학과 연구강사, 연세의료원 생명윤리심의소위원회위원을 거쳐 인제대학교 의과대학 인문사회의학교실에 재직 중이다. 서강대 및 대학원에서 종교학 및 독어독문학을 공부하기도 하였다.

이남주

서울대학교 간호대학

가족 전문간호사(FNP)이자, 간호학 박사이다. 고려대학교 간호대학을 졸업하고, 미국 컬럼비아대학 전문간호사 석사와 간호학 박사학위를 취득하였다. 현재 서울대학교 간호대학에 재직 중이며, 대한환자안전학회 연구이사를 맡고 있다.

이재길

연세대학교 의과대학 외과학교실

외과 전문의이면서, 외상외과와 중환자의학 세부전문의로 활동하고 있다. 현재 연세대학교 의과대학 외과학교실 중환자외상외과장을 맡고 있다. 이화여자대학교 의과대학 조교수로 근무하였으며, 현재는 연세대학교 의과대학에 재직 중이다. 세브란스병원 중증외상전문의 수련센터 소장도 맡고 있다.

손명세

연세대학교 의과대학 예방의학교실

예방의학 전문의이자 보건학박사이며, 연세대학교 의과대학에 재직 중이다. 건강보험심사평가원(HIRA) 원장, 연세대학교 보건대학원장, 대한의학회 부회장, 한국보건행정학회장, 유네스코 국제생명윤리심의위원회 위원, 세계보건기구(WHO) 집행이사, 한국의료윤리학회 회장 등을 역임하였다. 현재 아시아태평양공중보건학회(APACPH) 회장으로 활동하며 우리나라 보건의료 시스템의 질적 향상 및 발전을 위해 노력하고 있다.

환자안전을 위한 의료판례 분석
06 외과

초판발행	2017년 9월 20일
공저자	김소윤·이미진·김충배·지경천·강원경·이　원 정지연·유호종·이세경·이남주·이재길·손명세
펴낸이	안종만
편　집	한두희
기획/마케팅	조성호
표지디자인	조아라
제　작	우인도·고철민
펴낸곳	(주) **박영사** 서울특별시 종로구 새문안로3길 36, 1601 등록 1959. 3. 11. 제300-1959-1호(倫)
전　화	02)733-6771
f a x	02)736-4818
e-mail	pys@pybook.co.kr
homepage	www.pybook.co.kr
ISBN	979-11-303-3060-0 94360 979-11-303-2933-8 　(세트)

copyright©김소윤 외, 2017, Printed in Korea